Engel Licht Tarot für Liebe

Rebecca Bachstein

Engel-Licht-Tarot für Liebe und Partnerschaft

Rat und Hilfe aus himmlischen Gefilden

Stellungnahme des Verlages: Warum wir an der »alten« Rechtschreibung festhalten
Wir halten die »neue« Rechtschreibung für eine Fehlgeburt, und das konnte auch gar nicht anders sein, weil der Ansatz der Reformer war, das Schreiben einfacher zu machen. Wir als Verlag veröffentlichen unsere Bücher aber für Sie, liebe Leserin/lieber Leser – Sie sollen es als Leser einfach haben. Das Lesen und das Verständnis ist bei vielen Regeln der »alten« Rechtschreibung einfacher und klarer. (Denken Sie nur einmal, daß nach der neuen Rechtschreibung, zwei Autoren kein Buch mehr zusammenschreiben können, es hieße dann immer, sie hätten es zusammen geschrieben, auch wenn sie es zusammengeschrieben haben.) Im übrigen sind die neuen Regeln nun auch nicht eben frei von Widersprüchen. Auf Wunsch senden wir Ihnen gerne ein ausführliches Info mit den wichtigsten Ungereimtheiten am »Neuschrieb«.

1 2 3 4 5 6 7 8 9 18 17 16 15 14 13 12 11 10 09 08 07 06 05 04 03 02

Engel Licht Tarot für Liebe und Partnerschaft
Rebecca Bachstein

© 2002 Neue Erde GmbH
Alle Rechte vorbehalten.

Titelseite:
Dragon Design, GB
Unter Verwendung einer Illustration von Rebecca Bachstein.

Satz und Typographie:
Dragon Design, GB
Gesetzt aus der Galliard

Gesamtherstellung:
Legoprint, Lavis (TN)
Printed in Italy

ISBN 3-89060-466-8
im Set mit Karten **ISBN 3-89060-467-6**

Ryvellus ist ein Imprint bei NEUE ERDE.

NEUE ERDE Verlag GmbH
Cecilienstr. 29 · D-66111 Saarbrücken
Deutschland · Planet Erde
info@neueerde.de · www.neueerde.de

Inhalt

Einleitung
6
Die Bedeutung der Engel
14
Engelrituale
17
Arbeiten mit diesem Buch
20
Das Mischen und Auslegen beim Arbeiten mit den Karten
23
Verschiedene Legesysteme
24
Deutungen
26

Einleitung

Unsere Liebesbeziehungen verdienen eine besondere Aufmerksamkeit. Die Liebe ist das Wichtigste. Sie hat besonders große Auswirkungen auf die Herzenswärme, so daß die Engel immer bereit sind, ganz behutsame Hilfestellung zu geben. Was nützt Erfolg und materieller Reichtum, wenn unsere Liebesbeziehung krankt oder zerstört ist? Was ist innere Entwicklung wert, wenn man sie nicht mitteilen kann?

Können wir aber überhaupt das Schicksal unserer Liebesbeziehungen befragen?

Helfen wir uns mit folgendem Denkmodell: Das Schicksal ist nichts anderes als eine Aneinanderreihung von Gelegenheiten. Jeder kann dabei frei entscheiden, welche Gelegenheit er nutzt und wie er sie ausformt.

Wir können uns zum Urheber unseres eigenen Geschickes machen, wenn wir gelernt haben, wie wir unsere Wünsche erfüllt bekommen. Engel stehen uns auf unserem Weg helfend zur Seite und geben uns die Sicherheit, in einer schicksalhaften Situation nicht allein zu sein.

Dabei ist es sogar möglich, die negativen Elemente zu nutzen und zu unseren Gunsten zu verwenden.

Ein Zusammenbruch hat die Kraft eines Umbruches, wenn das Fundament der Beziehung gut ist. Oft brauchen wir nur etwas Mut, um schnell durch eine schwierige Situation hindurchzugehen. Eine Beziehung kann auch auf schleichende Weise zerbrechen. Wir gewöhnen uns daran und verdrängen es. Zeigen die Karten dann den Ernst der Lage, rütteln sie uns auf und bewirken, daß wir handeln. Damit ist der entscheidende Schritt zum Wiederfinden unseres Lebensweges getan, und darum geht es doch schließlich.

Unsere Zwillingsseele
Sind wir Einzelwesen oder erleben wir nur in einer Liebesbeziehung mit einem anderen Menschen inniges Glück? Wir Menschen wollen nicht allein sein. Wir brauchen die Spiegelung durch den Partner, um die Welt und unser eigenes Leben zu begreifen. Selbst wenn wir mit unseren Eltern, Kindern oder Freunden das Leben teilen, macht es um so deutlicher, daß wir uns einen besonderen Partner an unserer Seite wünschen. Das ist unser Liebespartner. Es wirkt so, als ob wir ursprünglich eigentlich ein komplexeres Wesen waren, als ob wir zwei oder auch mehrere waren. Die Trennung in zwei Wesen hat auf der Erde wohl wirklich einen Sinn, auch wenn die Sehnsucht nach dem anderen uns manchmal sehr traurig macht. Es ist sehr viel leichter, uns in dem Gegenüber zu erkennen. Es ist aber nicht nur die Sehnsucht nach dieser Zwillingsseele, die uns einen Partner suchen läßt. Diese Energie und dieses unmittelbare Erleben der Schwingungen eines anderen Menschen macht unser Leben lebendig. Der andere Mensch will sein Schicksal, oder ein Teil davon mit dem unseren verbinden. Wir entdecken einander und spüren eine Kraft, die besonders ist. Liebe erzeugt diese starke Energie. Eine Spannung, die zwei ganz unterschiedliche Menschen erst auf eine Schwingungsebene hebt. Es entsteht ein Aufruhr, ein Durcheinander. Alle Energieströme werden neu ausgerichtet, ein magnetisches Feld wird aufgebaut. Ein Magnetismus, der dann eine Beziehung richtig strukturiert und zusammenhält. In diesem Beziehungskraftfeld können sich nun ganz verschiedene Arten der Liebe entwickeln. Wir wissen alle um die Unterschiede, von der Leidenschaft bis zur Selbstlosigkeit. In welcher Form sich unsere Liebe ausdrückt, hängt von der Art der Beziehung ab. Die Liebe unter Menschen hat viel mit Lebensaufgaben zu tun. Das Zusammensein gibt uns mehr Kraft und auch mehr Intelligenz. Oft brauchen wir für unser praktisches Leben scheinbar keinen Partner und suchen uns eine emotionale Unterstützung bei Freunden. Als besonders beglückend werden Beziehungen erlebt, bei denen sich beide Partner in vielen Bereichen dem anderen öffnen und miteinander leben.

Es gibt so unglaublich viele Möglichkeiten, Beziehungen zu leben. Jede Zusammenkunft zweier Individuen ergibt eine eigene Variante einer Beziehung. Äußerlich mag sich die eine oder andere Beziehung ähneln, aber das scheint nur so.

Wenn Sie eine starke Sehnsucht nach Ihrem Zwillingspartner spüren, vertrauen Sie darauf, daß, wenn es für Sie richtig ist, Sie ihm auch begegnen.

Sich zu verlieben und der andere Mensch erwidert diese Liebe, das ist doch der Himmel, oder?

Was sich vereinen läßt, läßt sich auch trennen
Wenn eine Beziehung zum Wohle beider Partner ist, sorgt das Universum, sorgen die Engel dafür, daß sie zusammen bleiben. Falls dieses nicht mehr so ist, ergeben sich Gelegenheiten, die Verbindung wieder zu lösen. Wenn auch nur ein Partner diese Gelegenheit ergreift, reicht es ja schon. Dann kommt es für den anderen darauf an, sich diesem Schmerz zu stellen und zu lernen damit umzugehen. Das ist dann sehr schwer. Aber eine Vereinigung von zwei Menschen, sei sie auch noch so innig und tief, ist immer nur für einen Zeitabschnitt gedacht. Diese kann für dieses ganze Leben sein, aber im nächsten Leben dann schon nicht mehr. Auch eine sehr lange, glückliche Partnerschaft erlebt Brüche und Veränderungen. Dieses zuzulassen und bewußt zu gestalten, ist eines der Geheimnisse einer langen glücklichen Beziehung.

Wir wachsen an Herausforderungen
In guten Zeiten werden keine Orakel befragt. In Zeiten, in denen wir erfüllte Liebe genießen, haben wir wenig Aufmerksamkeit für anderes, als nur im Hier und Jetzt unser Glück zu erleben. Selbst die glücklichste Beziehung wird von Zeit zu Zeit von mehr oder weniger schweren Erschütterungen heimgesucht. Krisen unterbrechen den normalen Gang der Dinge. Manchmal bricht der Konflikt wie eine Lawine über uns herein, manchmal schleichend. Selbst wenn die Krise lange Zeit unterschwellig gebrodelt hat, kann durch eine plötzliche endgültige Auseinandersetzung Ohnmacht, Angst, Bedrohung, Hysterie, Trauer, Wut und als Folge davon Niedergeschlagenheit ausgelöst werden.

Große und kleine Katastrophen erzwingen von uns eine Neuanpassung an die veränderten Lebensumstände.

Nichts wird wieder so sein wie früher
Diese Erlebnisse verändern uns nachhaltig. Unsere Befürchtung ist doch, daß wir uns zum Schlechtern verändern. Wenn wir genau wüßten, daß danach unser Leben schöner als vorher wird, hätten wir eine andere Haltung.

Bei kleineren Krisen haben wir ja schon gelernt, uns zu entspannen oder abzulenken, z. B. mit Urlaub, Yoga oder durch neue berufliche Aufgaben. Dieses sind sinnvolle Sofortmaßnahmen. Um aber an großen Krisen zu wachsen und zu lernen, ein besserer Mensch zu werden, brauchen wir mehr.

Die erste Maßnahme ist der Bericht: Die eigenen Erlebnisse erzählen. Hier lernen wir, daß wir mit anderen Menschen verbunden sind, nicht nur mit unserem Liebespartner. Wir üben, uns zu öffnen, und erkennen, wie wichtig wir für andere sind.

Es ist auch möglich, Tagebuch zu schreiben. Wenn wir das Erlebte in Worte kleiden, wirken schon die geschriebenen Sätze heilsam. Und wir können es dem Engel erzählen. Es geht dabei nicht um eine objektive Wahrheit, sondern um unser persönliches Erleben.

Die zweite Maßnahme ist der Vergleich: Wir vergleichen uns mit Menschen, die sich in Lebenssituationen befinden, die wir schlimmer als unsere empfinden. Wir werden dadurch handlungsfähiger. »Ich bin noch relativ gut davongekommen, anderen geht es viel schlechter.« Es funktioniert auch, wenn Sie sich Ihre eigene Situation noch schlimmer ausmalen. Dieser Vergleicht tröstet Sie und öffnet Sie für das Leid anderer Menschen.

Die dritte Maßnahme ist das Annehmen der negativen Gefühle: Trauer um den Verlust, die Wut über die Ungerechtigkeit; die Empfindung, daß diese Beziehung von Anfang an schwierig war, lassen wir jetzt einfach zu. Haß zu empfinden, ist ein Reinigungsprozeß, und wenn wir nicht darin steckenbleiben, dürfen wir uns diesem negativen Gefühl mit allen Einzelheiten hingeben. Bedenken Sie nur: Hingeben, nicht hineinsteigern!

Die vierte Maßnahme ist es dann, sich Rituale und neue Visionen zu inszenieren: Wie man ein Ritual machen kann, beschreibe ich weiter hinten. Um eine neue Vision aufzubauen, kann man sich erst einmal die durchlebte Krise neu erzählen. Sie sind die Hauptperson und Sie beschreiben den Ablauf des Konfliktes so, daß es für Sie gut ausgeht. Lassen Sie Ihre Phantasie zu!

Saat, die nicht gesät, kann nicht sprießen
Eine neue Vision kommt aus dem Hier und Jetzt, und eine neue Trennungsgeschichte, von Ihnen selbst erfunden, gibt Ihnen die Kraft dafür. Diese Visionen schreiben Sie auf, zeichnen dazu Bilder oder schneiden sich Bilder aus.

Sie entwickeln ein Bild von Ihrem Äußeren: der Körper, die Haare, Ihre Wirkung auf andere, Ihre Kleidung. Hier kann jeder nach Belieben Einzelheiten dazuerfinden.

Entwickeln Sie ein Bild von Ihrer neuen Umgebung. Dieses Bild sollte unabhängig von Ihrem Einkommen entworfen werden. Die einzige Bedingung ist, dieses Bild sollte wirklich Ihrem Wunsch entsprechen. Sie sollten dieses Bild genau gestalten, sich ausmalen, wie und wo Sie leben.

Kommen wir zum Beruf und dem finanziellen Einkommen: Wenn Sie Ihre Zukunft nicht auf einen äußerst ungewissen Lottogewinn oder unsichere Erbschaft aufbauen wollen, suchen Sie sich doch eine berufliche Vision, die Ihnen einen angemessenen Lebensstandard ermöglicht und Ihre Talente entfaltet. Falls Sie einen ungeliebten Beruf ausüben, können Sie das jetzt ändern. Überlegen Sie, wie groß Ihr Einkommen sein muß, damit Sie sich Ihre Visionen erfüllen können. Diese Summe darf Sie nicht erschrecken, Sie dürfen sogar am Anfang deutlich weniger verdienen, Hauptsache, Sie sind auf dem richtigen Weg. Streben Sie als erstes die Summe an, bei der Sie sich wohlfühlen, die Sie sich zutrauen. Das ist für Sie der erste Schritt.

Die Familie, die Kinder, die Freunde sind Menschen, die unser Leben aktiv mitgestalten. Stellen Sie sich also vor, wie Sie mit ihnen leben, wie sich Ihr Tagesablauf gestaltet, wie liebevoll Ihr Miteinander ist. Stellen Sie sich vor, daß Ihre berufliche Erfüllung für die Kinder und Sie ein großartigeres Miteinander bewirkt. Für die Kinder können Sie ein größeres Vorbild sein. Sie geben ihnen mehr Rückhalt, und die

Kinder bringen Ihnen mehr Achtung entgegen. Mit Freunden planen Sie wie früher Kino- und Theaterbesuche.

Es geht auch um Ihre Gesundheit. Ein kräftiger, immunstarker Körper ist die Grundlage Ihrer Zukunftsvision. Diese gerade entwickelten Möglichkeiten können Sie ohne Ihren Körper nicht erleben. Wünschen Sie sich also Gesundheit und viel Energie.

Auch die längste Reise beginnt mit dem ersten Schritt
Sie haben sich jetzt Ihr neues Leben als Vision gestaltet. Um es zu verwirklichen, ist jetzt nur ein kleiner weiterer Schritt nötig. Sie haben zwar schon viel Arbeit geleistet, indem Sie Ihre Visionen entwickelt haben, jetzt müssen Sie, und das müssen Sie wirklich, für jeden Bereich Ihrer Wünsche den ersten Schritt machen. Er kann und sollte ganz klein sein, dieser Schritt. Nicht größer, als Sie ihn wirklich schaffen. Wichtig ist dabei nur, daß Sie ihn tun.

Ich gebe Ihnen einige Tips, wie diese Schritte aussehen könnten. Es fällt Ihnen dann sicher ganz schnell noch mehr ein.

Für die äußere Erscheinung: Neuer Haarschnitt, Kleidung aussortieren, Diät, Fotos von Menschen ausschneiden, die Ihr Vorbild sein können.

Für das Wohnen: Sie suchen sich ein Möbelstück, welches Sie schon lange aufarbeiten wollten und machen es jetzt. Oder Sie nähen einen Vorhang, egal, was es auch ist, nur machen!

Für den Beruf und Finanzen: Nicht kündigen! Sie bauen sich nebenbei etwas auf, wozu Sie Lust haben. Sie geben dafür kein Geld oder nur sehr wenig Geld aus. Ob Sie etwas Kunsthandwerkliches herstellen oder sich in Ihrem Beruf weiterbilden ist auch egal. Es ist noch überhaupt nicht sicher, wie sich diese Tätigkeit einmal ausformen wird, aber fangen Sie einfach an. Vielleicht hatte Sie ja vor einer Weile schon ein Angebot, und Sie hatten keine Zeit oder Partnerprobleme. Jetzt können Sie damit beginnen. Wenn Sie mehr Geld brauchen, fangen Sie an zu sparen. Auch ein kleiner Betrag kann zurückgelegt werden. Machen Sie es jeden Monat und sparen Sie. Es wird dann automatisch mehr, aber Sie müssen weitersparen, dürfen nicht aufhören.

Für Familie, Kinder, Freunde könnten Sie ein kleines Fest machen. Vielleicht hat jemand Geburtstag? Oder Sie probieren ein neues Kochrezept aus und laden dazu ein. Schon wenn Sie ankündigen, daß ein neues Essen getestet werden soll, ist der Spaßfaktor größer, als bei einer normalen Einladung. Ihren Kinder brauchen Sie nur mehr Zeit schenken. Sie denken sich selbst einmal ein Spiel aus, was Sie vielleicht noch nie getan haben. Sie gehen mit ihnen Schwimmen, dazu waren Sie bisher zu bequem. Sie streicheln Ihre Kinder mindestens fünf Mal am Tag. Neue Freunde lernen Sie kennen, wenn Sie Neues lernen. Verabreden Sie sich mit alten Freunden wieder und gehen Sie mehr auf deren Bedürfnisse ein, als Sie es bisher getan haben.

Die Gesundheit erfordert einen gesunden Tagesablauf. Gesunde Ernährung, bei Schmerzen, die Sie bisher ignoriert haben, suchen Sie den Arzt oder Heilpraktiker auf. Diese Schmerzen oder das dauernde Unwohlsein kostet Ihre Energie, die Sie zum Genießen des Lebens brauchen. Ergreifen Sie vorbeugende Maßnahmen wie Akupunktur und Massagen. Auch den Sport vergessen Sie nicht.

Der Sex und die neue Liebe: Erinnern Sie sich, wann immer es geht, an die Zeiten Ihrer großen Lieben. Und damit meine ich nicht nur die Liebe, die Sie jetzt enttäuscht hat. Sehen Sie sich Menschen an, die für Sie attraktiv sind und finden Sie heraus, warum es so ist.

Machen Sie Ihren ersten Schritt, wie auch immer er aussieht. Nach diesem ersten Schritt setzen Sie etwas in Gang. Es scheint dann, als ob die Welt auf Sie zukommt, und Sie können dann den nächsten Schritt sehr viel leichter und selbstverständlicher tun. Die Engel helfen dabei. Irgendwann ist Ihnen nicht mehr bewußt, daß Sie in einem neuen Lebensprozeß sind, und nach einiger Zeit, gar nicht so lange, wie Sie jetzt denken, haben sich Ihre Visionen erfüllt.

Nach den durchlebten Erschütterungen steht jedoch die Frage im Raum, wie kann aus Ihrer Verzweiflung etwas werden wie Akzeptanz? Und wie kann aus der Akzeptanz eine neue Liebe wachsen? Vielleicht hilft Ihnen folgender Satz: »Die Liebe zu einem anderen Menschen macht mich glücklich, aber nicht immer!«

Nach solchen Erlebnissen verschiebt sich unsere Werteskala. Wir wissen, was in unserem Leben wirklich Bedeutung hat. Wir setzen uns zum Beispiel überflüssigem Streit nicht mehr aus. Die Bindung zu Freunden und Familienmitgliedern, die uns beigestanden haben, ist enger als zuvor. Falls andere Menschen Probleme haben, sind wir toleranter. Und wir haben danach zu neuer Selbstachtung gefunden und sind stolz auf uns. Wir wissen dann auch eine neue Liebe ganz anders zu schätzen. Jedes Lächeln, jedes Erkennen von Gemeinsamkeiten wird zum Fest.

Die Bedeutung der Engel

Das Wort »Engel« kommt aus dem Griechischen und bedeutet »Bote«. Engel sind die Botschafter zwischen verschiedenen Welten und Ebenen.

In allen Kulturen sind Engel bekannt, sie werden oft nur anders genannt. Wenn wir die Engel das erste Mal erleben, begreifen wir den Grad an Isoliertheit, in der sich unser Leben vorher befunden hat. Ihre Flügel werden von Menschen, die Engel gesehen haben, als sehr schnelle und vibrierende Schwingungen beschrieben. Sie erscheinen wie Wellenlinien, die sich lebendig ausbreiten. Engel können gleichzeitig an verschiedenen Orten sein, denn sie haben keine Begrenzungen in Raum und Zeit.

Wir teilen Engel in verschiedene Gruppierungen auf. Dieses ist allerdings ein von uns Menschen gemachtes System. Es hat seinen wesentlichen Sinn darin, die hohe Schwingungsebene über eine Symbolik zu vermitteln. In der folgenden Tabelle werden die Engelhierarchien von der niedrigsten, der neunten Ebene, bis zur ersten und höchsten Ebene kurz charakterisiert:

9. Die Engel des Schutzes und der Begleitung stehen uns Menschen am nächsten. Mit ihnen treten wir in Kontakt, wenn wir die Engel anrufen. Sie können unser Verhalten bis zu einem gewissen Grad verstehen und interessieren sich für unsere Welt. Sie herrschen über Leben und Tod.

8. Die Erzengel interessieren sich eher für die gesamte Menschheit. Ihre Aufgabe ist der Zusammenhalt der Lebewesen. Sie bilden eine eigene Gruppe, die von überströmender Energie ist. Ausgleich und Versöhnung ist ihr Bestreben.

7. Die Fürstentümer sind für die Ordnung der Planeten da. Ihre Aufgabe ist die Aufrechterhaltung der positiven Strukturen. Jenseits der allgemein gültigen Ordnung kommt es hier auf eine ausgleichende Struktur an.

6. Die Mächte tragen die Verantwortung für die gesamte Menschheit. Alle Wesen werden von ihnen gehütet und bewacht. Anders als die Schutzengel aus der neunten Ebene haben sie den gesamten Plan der Menschheit entworfen und wachen darüber.

5. Die Tugenden strahlen göttliche Energie aus. Die gesamte Strahlung der Positivität kommt von ihnen. Alles halten sie in Gang. Die gesamte Schöpfung hat die Energien ihres Ursprungs durch sie.

4. Die Gewalten steuern den gesamten Fluß von Wesenheiten auf allen Ebenen. Es wird keine persönliche Ausdrucksform mehr gesucht. Es ist ein Fließen von reiner Energie.

3. Die Throne hüten die Welten. Sie kümmern sich um die verschiedenen Planeten. Für die Erde gibt es einen eigenen Thron. Er macht unser Leben leichter und bewacht die Pflanzen, Tiere und Naturgewalten.

2. Die Cherubim sind wie die Milchstraßen, die wir noch erkennen können. Wie intergalaktische Nebel, so erscheinen sie uns. Wir können sie in all ihrer Größe sehen.

1. Die Seraphim stehen Gott am nächsten. Sie sind die direkten Übermittler und für uns nicht mehr erklärbar.

Die Engel, denen wir unsere Fragen stellen, sind Engel der neunten und achten Ebene. Diese Engel erhalten ihre Informationen allerdings oft aus den anderen Engel-Ebenen. Dort wird auch abgeglichen, ob und wie uns Hilfe und Zukunftsschau gegeben werden kann. Der persönliche Engel kann von allen verschiedenen Ebenen kommen. Er möchte sich, genau wie wir, weiterentwickeln und Erfahrungen mit uns teilen.

Engelrituale

Rituale sind Handlungen, die in einen fest gefügtem Ablauf ausgeführt werden. Wir kennen es beim Weihnachtsfest, wo nur durch ein immer wiederkehrendes Ritual eine sehr feierliche Stimmung erzeugt wird. Diese Feierlichkeit ermöglicht es uns, eine viel größere Bedeutung zu empfinden. Wenn wir aber diese große Bedeutung für uns erleben, können wir sie auch an den Kosmos, an die Engel weitergeben.

Rituale befreien uns auch von dem Gift der Seele. Sie helfen uns, die Illusionen der Liebe zu überwinden. Wir sind nicht mehr selbst handelnd, sondern wir geben die Verantwortung an höhere Kräfte ab.

Sie wollen für Ihre Partnerschaft mehr Kraft und Liebe
Suchen Sie sich drei Engelkarten aus: Eine, die Sie selbst symbolisiert, eine die den Partner symbolisiert, eine die Ihre Beziehung symbolisiert.

Bitten Sie diese drei Engel, die Führung zu übernehmen.

Sagen Sie: »Ich grüße Euch, meine Engel ... (hier die Namen aussprechen). Bitte übernehmt in diesem Ritual die Führung.«

Stellen Sie zwei Kerzen, für die Frau rot und für den Mann blau, ganz dicht zusammen. Drei goldene Kerzen für die drei Engel werden dahintergestellt. Vor die jeweiligen Kerzen legen Sie die Karten der Engel und Fotos von sich und Ihrem Partner. Führen Sie diese Bilder vorher zu Ihrem Herzen und sprechen Sie die Namen, auch Ihren eigenen, laut aus.

Zünden Sie nun die Kerzen an. Sprechen Sie: »Ich bitte für meine Partnerschaft um mehr Liebe und Kraft.« Wiederholen Sie es fünf Mal. Danach danken Sie den Engeln für ihre Hilfe und verabschieden Sie sich. Die Kerzen sollen jetzt vollständig abbrennen, also sorgen Sie für einen sicheren Platz.

Denken Sie daran, daß für die Art und Weise, wie sich dieser Wunsch erfüllt, Sie selbst nicht mehr verantwortlich sind. Die Engelwesen und der Kosmos übernehmen es nun ganz allein.

Sie möchten, daß der Partner wieder zu Ihnen zurückkommt
Sie suchen sich wieder drei Engelkarten aus und bitten diese Engel, in diesem Ritual wieder die Führung zu übernehmen. Sie stellen die Kerzen und die Bilder genauso auf und sprechen die Namen aus. Die Bilder nehmen Sie an Ihr Herz und senden liebvolle Vereinigung aus. Die rote und die blaue Kerze binden Sie mit einem roten Band zusammen. Nach dem Anzünden der Kerzen sagen Sie nun: »Ich bitte um eine Wiedervereinigung mit meinem Partner, falls er einverstanden ist.« Auch dieses wiederholen Sie fünf Mal. Danach bedanken Sie sich, verabschieden Sie sich und geben die Verantwortung ab.

Sie möchten sich von Ihrem Partner lösen
Die drei Engelkarten, die für Sie dieses Mal die Führung übernehmen sollen, suchen Sie in Ruhe nach Ihrer Intuition heraus. Plazieren Sie die Kerzen und führen Sie die Bilder zu Ihrem Herzen, empfinden Sie die Befreiung der Loslösung dabei. Die rote und die blaue Kerze binden Sie wieder zusammen. Sie zünden die Kerzen an und sagen: »Bitte löst meine Bindungen zu ... (Name des Partners). Sprechen Sie auch dieses fünf Mal. Dann trennen Sie das Band der Kerzen durch. Danken Sie den Engeln und verabschieden Sie sich. Denken Sie daran, das Ergebnis ist Ihnen jetzt aus den Händen genommen.

Sie wünschen sich einen Liebespartner
Suchen Sie wieder die stärksten Engelkarten für dieses Thema heraus. Stellen Sie die Kerzen, wie ganz am Anfang beschrieben wurde, auf. Eine rote Kerze für Sie und eine blaue Kerze für den noch nicht bekannten Liebespartner. Beide Kerzen stehen sehr dicht nebeneinander. Zusätzlich stellen Sie neben die blaue Kerze eine weiße Kerze, das zeigt, daß Sie den Menschen noch nicht kennen. Sie haben von dem zukünftigen Partner ja noch kein Bild. Aber Sie wünschen sich von ihm bestimmte Eigenschaften. Diese schreiben Sie auf einen Zettel

und legen ihn vor die blaue Kerze. Ihr Bild und die Bilder der Engel legen Sie jeweils zu den passenden Kerzen. Zünden Sie alle Kerzen an und sprechen Sie: »Bitte vereint mich mit meinem zugedachten Liebespartner, falls er damit einverstanden ist.« Sprechen Sie diesen Satz wieder fünf Mal. Bedanken Sie sich und verabschieden Sie sich von den Engeln, Ihren ganz persönlichen Helfern.

Durch diese Rituale klären Sie, was für Sie wirklich wichtig ist. Sie fordern die Engelwesen auf, Ihnen zu helfen, und die tun das gern. Sie schicken einen ganz starken Wunsch in das Universum, und es antwortet Ihnen. Wann die Antwort kommt, ist nicht vorhersehbar, aber meistens geht es schnell.

Ich wünsche Ihnen viel Freude an diesen großartigen Erlebnissen.

Arbeiten mit diesem Buch

Engel-Tarotkarten können eine einfache klare Deutung von Situationen und Zukunftsfragen erstellen. Der Fragesteller bekommt einen deutlichen Leitfaden für sein Handeln.

Sie legen nun die Karten. Zuerst mischen Sie sie, stellen dabei Ihre Frage (auch gern laut) und legen die Karten nach einem vorher ausgewähltem Muster.

Sie werden diese Fragen in ganz verschiedenen Situationen haben. Mal ist es sehr drängend, eine Antwort zu bekommen. Ein anderes Mal ist die Antwort von so großer Wichtigkeit, daß Sie eine besondere Situation schaffen wollen, um diese Antwort ganz in sich aufzunehmen und zu begreifen.

Für diese verschiedenen Situationen sind hier die unterschiedlichen Anleitungen zum Kartenlegen gedacht.

So schaffen Sie sich eine besondere Situation
Sie suchen sich einen Ort, an dem Sie ungestört sind. Zünden Sie Räucherwerk oder eine Duftlampe an. Dann zünden Sie Kerzen an. Kerzenlicht verstärkt die eigenen Gedanken und Gefühle. Für Partnerschaftsfragen verwenden Sie am besten rote und blaue Kerzen. Die roten sind für die Frau bestimmt, die blauen für den Mann. Dazu können Sie eine goldene Kerze anzünden, die das Glück und die Engel symbolisiert. Legen Sie etwas zu schreiben bereit. Ihr Protokoll hilft Ihnen in den nächsten Tagen, falls Sie sich vergewissern wollen, ob die Deutungen auch eintreffen. Gut ist, wenn Sie ein Bild des Partners dabeihaben. Wenn Sie jetzt Ihre Engel fragen, bekommen Sie ganz sicher eine Antwort.

Wie Sie die Engelwesen fragen können
Wenn Sie nun mit den Karten arbeiten ist es wichtig, sich innerlich zu klären und die Fragen, die Sie an die Engel haben, zu formulieren.

Diese Fragen können Sie stellen, wenn Sie noch keinen klaren Standpunkt haben.

Liebe ich meinen Partner?
Möchte ich ihn wieder lieben lernen?
Will ich mit ihm zusammensein?
Sehe ich ihn gern an?
Fühlt er sich gut an?
Was macht mich im Augenblick glücklich?
Worauf bin ich stolz?
Wer liebt mich?
Was genieße ich am meisten?
Was finde ich aufregend?
Wofür bin ich dankbar?
Wofür engagiere ich mich?

Sie haben jetzt diese Fragen beantwortet und fühlen sich geklärt und innerlich ausgerichtet. Nun möchten Sie die Engel befragen. Ich geben Ihnen einige Beispiele, wie Sie die Fragen formulieren können.

Ich bin gerade jemandem begegnet, wie ist unsere Chance?
Ich sehne mich nach einem Partner, wie finde ich ihn?
Ich möchte meine Partnerschaft beurteilen, wie ist sie?
Was bedeutet der Partner für mich?
Wie sieht unsere Situation im Augenblick aus?
Welches Verhalten ist jetzt sinnvoll?
Wie kann ich mein Ziel erreichen?
Was kann mir helfen, wie komme ich weiter?

Sind Sie bereit für Antworten? Je mehr Sie darauf vertrauen können, daß diese Antworten für Sie wichtig sind, desto mehr sind Sie Ihnen eine Hilfe.

Das Mischen und Auslegen beim Arbeiten mit den Karten

Falls Sie jetzt mit den Karten arbeiten wollen, fangen Sie damit an, sich ein Legesystem zu überlegen oder aus diesem Buch herauszusuchen. Mischen Sie dann alle 32 Karten. Es sollte immer nur die Rückseite sichtbar sein. Sie können wie beim normalen Kartenspiel in der Hand die Karten mischen und vor sich wie ein Fächer ausgebreitet die Karten auf den Tisch legen. Eine schöne Methode ist auch, die Karten wie beim Spielen im Sand mit den Händen zu verschieben. Beim Mischen denken Sie intensiv über die Frage nach, formulieren Sie genau. Wenn sich die Frage geklärt hat, ziehen Sie die Anzahl der Karten, die Sie benötigen und legen Sie vor sich hin. Die verschiedenen Legesysteme zeigen Ihnen, wie Sie das machen können. Danach kommt der wichtigste Teil, die Deutung dieser gezogenen Karten.

Verschiedene Legesysteme

A – Die schnelle Entscheidung
Alle 32 Karten werden gemischt. Sie denken dabei konkret an Ihr Fragethema. Legen Sie die Karten umgedreht aufgefächert auf den Tisch. Nehmen Sie dann ohne weiter an die Frage zu denken 3 Karten aus dem Fächer heraus und legen sie in folgende Positionen vor sich auf den Tisch.

Karte 1: Jetzige Situation
Karte 2: So soll man handeln
Karte 3: Das bringt die Zukunft

B – Die klare Aussage
Wenn Sie diese Art der Deutung wählen, haben Sie den Vorteil, daß Sie hierfür in den Deutungen in diesem Buch in Kurzform eindeutige Aussagen finden. Gerade am Anfang ist diese Form sehr gut. Die längeren Texte können Sie zum besseren Verständnis zusätzlich lesen.

Alle Karten werden wieder gemischt. Nachdem Ihnen das Fragethema klar ist, legen Sie die Karten zum Fächer aus. Nehmen Sie spontan, ohne nachzudenken fünf Karten aus diesem Fächer heraus. Legen Sie die Karten so vor sich umgedreht auf den Tisch. Dann drehen Sie diese um und beginnen mit der Deutung.

Karte 1: So empfinden Sie jetzt
Karte 2: So denkt oder ist Ihr Partner
Karte 3: Das ist Ihre Beziehung miteinander
Karte 4: Das sollten Sie jetzt nicht tun, auch wenn Sie vielleicht daran gedacht haben
Karte 5: So sieht die Zukunft Ihrer Beziehung aus

C – Großer Überblick

Aus den 32 Karten suchen Sie zuerst die Karte 0 – Leben heraus. Der Engel ist Nith-Haiah.

Legen Sie diese extra. Die restlichen 31 Karten werden gemischt und zu einem Fächer ausgelegt. Währenddessen denken Sie an Ihre Frage. Ziehen Sie nun 12 Karten verdeckt aus dem Fächer und mischen diese 12 und die 0 neu. Diese 13 Karten legen Sie nach dem Mischen in folgender Reihenfolge vor sich hin.

Die Karte 0 zeigt die Gegenwart. Alle Karten davor sind Vergangenheit, danach Zukunft. Ist nun die Karte 0 ganz am Anfang, zeigt sie den Beginn einer Entwicklung, ist sie ganz am Schluß, zeigt sie, daß es beendet ist.

Die Karten werden nacheinander gedeutet, sie bauen aufeinander auf. Für welchen Zeitraum aber eine Karte steht, kann nicht gesagt werden. Die Abfolge der Karten entspricht also auch der Reihenfolge von Ereignissen. Deshalb ist dieses Legesystem für einen längeren Zeitraum am genauesten.

D – Jahresüberblick

Mischen Sie die Karten und ziehen 13 Karten heraus. Die erste Karte ist für die Mitte und zeigt an, um welches Thema es in diesem Jahr geht.

Dann legen Sie die Karten mit dem Uhrzeigersinn, angefangen bei 1, im Kreis aus. 1 steht für Januar, 2 für Februar und so weiter.

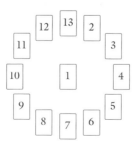

Deutungen

Der Engel ist NITH-HAIAH
Er läßt uns zum Ursprung zurückkehren.

Er ermöglicht uns, wieder neu zu beginnen. Wir können alles anders machen als bisher. Nichts ist festgelegt. Unsere bisherigen Aufgaben sind bedeutungslos geworden. Dieser Engel macht uns sorglos. Er gibt uns unsere Unbekümmertheit zurück. Wir sind frei von früheren Verpflichtungen. Wir können Spontaneität üben und den Dingen ihren Lauf lassen. Fall unser Leben voller Leiden war, kann es sein, daß uns dieser Zustand sehr weit aus der Wirklichkeit entrückt. Die Menschen verstehen uns nicht mehr, wir wirken wie ein Narr. Das Leben ist für uns wie ein Spiel.

0 Leben
Die Situation ist ambivalent. Die Beziehung ist ein Abenteuer. Der Absprung in ein sorgloses neues Leben ist möglich. Oft ist ein Chaos notwendig, wenn eine neue Ordnung entstehen soll. Eine Beziehung, die sich überlebt hat, kann nun einmal nicht mit kleinen »Kurskorrekturen« neu belebt werden. Nur wenn etwas Grundlegendes erneuert wird, wenn alle Lebenswünsche sich wieder erfüllen lassen, ist die neue Struktur (das neue Leben) möglich. Also: Chaos zulassen und leben.

Der Partner oder man selbst ist ein unbekümmerter Mensch. Die Beziehung ist unverbindlich.

Die Liebe ist verspielt und voller Leichtigkeit.

Aber es ist auch eine Warnung vor Gefahr, wenn es um Verantwortung geht. Auf diesen Menschen kann man nicht bauen. Er wird närrisch oder auch dumm in ein Abenteuer gehen.

Es ist ein Neuanfang oder bedeutet, daß Sie am Ende wieder neu anfangen müssen. Die Beziehung kennt kein festes Ziel, hat kein Durchhaltevermögen.

Lenken Sie den Partner nicht ab, wenn er wichtige Aufgaben erfüllen muß. Rechnen Sie nicht zu sehr auf den anderen. Unterschwellige Ängste und Befürchtungen sollten Sie nicht zu ernst nehmen, es wird einfacher, als es bisher aussieht.

Position 1. Diese sagt etwas über Sie aus:
* Sie nehmen die Beziehung leicht
* Sie möchten eine unkonventionelle Partnerschaft
* Sie möchten es anders machen als bisher

Position 2. So ist der Partner:
* Er nimmt Ihre Liebe nicht ernst
* Er geht mit ihren Gefühlen unüberlegt um
* Er liebt diese verrückte Beziehung

Position 3. Das ist die Beziehung:
* Verantwortung erstickt die Liebe
* Sie ist sorglos und leicht
* Sie entwickelt sich ganz neu

Position 4. Darum geht es nicht:
* Die Beziehung für oberflächlich zu halten
* Die Gefühle zu leicht zu nehmen.
* Einen Neuanfang zu machen

Position 5. So entwickelt sich Ihr Miteinander:
* Aus dem Chaos entsteht eine neue Leichtigkeit
* Ein neuer Anfang kann gemacht werden
* Die Lebenslust kann auch in Leichtsinn münden

Ein Hinweis für ganz frisch Verliebte:
Der Beginn einer Beziehung mit viel Lebendigkeit.

Der Engel ist LEHAHEL
Er gibt uns Lebensfreude und starke Energie zum Handeln.

Er gibt uns die Instrumente, die Erleuchtung und Fortschritt bringen. Seine impulsgebende Kraft empfangen wir aus dem Himmel und geben sie an die Erde weiter. Dieser Engel schickt uns eine besonders starke Willenskraft zur Umsetzung von Energien. Dadurch können wir unsere Aufgaben mit Leichtigkeit meistern. Er ist aber auch ein Prüfstein für unseren Charakter. Macht und Magie sind nur Mittel, nicht das Ziel. Durch unsere starke Ausstrahlung werden Menschen magisch angezogen, die Sicherheit suchen. Wir sollten Egozentrik vermeiden und Verantwortung übernehmen.

1 Magie
Es wirkt eine Anziehungskraft. Es können allerdings Spannungen entstehen. Und zwar durch Versuche, den anderen zu manipulieren
   Intuitiv erkennen Sie die Ganzheit Ihrer Beziehung. Warum es so und nicht anders ablaufen mußte, ist Ihnen jetzt klar. Auf der Erde mit der Kraft wirken, die durch Inspiration empfangen wurde, heißt nichts anders, als diese Erkenntnisse in die Praxis umzusetzen.
   Ergreifen Sie die Initiative. Machen Sie den Schritt dazu selbst. Es ist möglich, den Alltag der Beziehung wieder mit neuer magischer Liebe zu beleben. Oder Sie machen sich auf, um ein Liebesabenteuer zu suchen.
   Es ist auch möglich, daß der Partner aktiv wird. Er sucht die Herausforderung, will zu Ihnen kommen. Es kommt durch Geschicklichkeit und Willensstärke Erfolg.
   Die Stimmung steigt, unternehmen Sie etwas. Ihre gute Laute kehrt zurück, gehen Sie unter Menschen. Benutzen Sie Ihre Hoffnungen und Wünsche als Antriebskraft. Aus eigener Kraft können die Liebesenergien verbessert werden. Es kann sehr lohnend sein, einem spontanen Impuls zu folgen. Sie haben Chancen in der Liebe.

Position 1. Diese sagt etwas über Sie aus:
* Sie fühlen sich überlegen
* Sie wollen Ihre Pläne in die Tat umsetzen
* Sie versuchen, durch Manipulation oder Magie Ihre Ziele zu erreichen

Position 2. So ist der Partner:
* Er hat viel Durchsetzungskraft, möchte, daß Sie ihm die Initiative überlassen
* Er bringt gute Laune mit
* Er ist von sich überzeugt

Position 3. Das ist die Beziehung:
* Es wirkt eine starke Anziehungskraft
* Ist eigenständig und unabhängig
* Verändert sich laufend zu ihrem Vorteil

Position 4. Darum geht es nicht:
* Jetzt selbst zu aktiv zu werden
* Zu sehr an die eigene Geschicklichkeit zu glauben
* Einfluß nehmen zu können

Position 5. So entwickelt sich Ihr Miteinander:
* Es kommt neue Magie in Ihre Liebe
* Sie haben die Möglichkeit Ihre Partnerschaft aktiv zu gestalten
* Sie wollen viel, und Sie werden einiges davon bekommen

Ein Hinweis für ganz frisch Verliebte:
Eine starke, magische Anziehungskraft wirkt zwischen Ihnen.

Der Engel ist HAKAMIAH
Er läßt Intuition und Weisheit in uns wachsen.

Wenn wir suchen, finden wir die Weisheit auch in unserer Wirklichkeit. Es wird uns der tiefste Sinn menschlicher Entwicklung und Bewußtwerdung klar. Die Weisheit der gesamten Menschheit ist unsere Quelle der Inspiration. Wenn wir diese in unser tägliches Leben einbeziehen können, wird unsere Entwicklung weitergehen. Wer seinen Lebensquell gefunden hat, wird selbst zum inspirierenden Brunnen, der andere erfrischt. Weisheit bedeutet aber auch, sich nicht auf die Meinung anderer zu verlassen. Es entsteht eine göttliche Führung in unserem Inneren. Wir gehen in uns, besinnen uns auf unser eigentliches Wesen. Durch diesen Rückzug entwickelt sich mehr Intuition und Spiritualität. Wir können das Ergebnis unserer Bemühungen geduldig und vertrauensvoll abwarten.

2 Weisheit
Es ist eine eher platonische Beziehung. Gedanken werden ausgetauscht und verstanden. Ein vertrauensvolles und tiefes Verstehen. Allerdings ist es keine sehr starke geschlechtliche Bindung.

Zwischen Ihnen ist eine Seelenverwandtschaft. Sie haben schon mehrere Leben zusammen verbracht. Ihr Partner geht feinfühlig auf Sie ein. Initiative zu ergreifen ist allerdings nicht Ihr Thema. Intuition ist Ihnen wichtiger, lieber warten Sie ab.

Sie sind gern zusammen. Gemeinsame Pläne sind mit dem Partner leicht zu verwirklichen. So viel Verständnis und Zuneigung sind ideale Voraussetzungen für eine Beziehung.

Ihre Vorahnungen sind wohl richtig, handeln Sie aber noch nicht, überprüfen Sie diese erst genau.

Gewinnen Sie Zeit, wenn sie die Wünsche, die an Sie gerichtet sind, nicht erfüllen wollen.

Ihr Rat ist gefragt. Wenn Sie anderen Hoffnung geben können, tun Sie es.

Position 1. Diese sagt etwas über Sie aus:
* Sie sind unabhängig
* Sie sind freigiebig und offen
* Sie leben im Moment in einer platonischen Beziehung

Position 2. So ist der Partner:
* Er will keine starke Bindung
* Er hat viel Verständnis und Zuneigung
* Er möchte Ihnen die Initiative überlassen

Position 3. Das ist die Beziehung:
* Vertrauensvolles tiefes Verstehen
* Förderung Ihrer Talente
* Eine esoterische Seelenbeziehung

Position 4. Darum geht es nicht:
* Zu sehr auf Vorahnungen zu achten
* Eine Beziehung ohne Sex zu leben
* Sich zu stark Stimmungsschwankungen hinzugeben

Position 5. So entwickelt sich Ihr Miteinander:
* Es lösen sich Ihre Spannungen durch Erkenntnis der gemeinsamen Bestimmung
* Sie finden in einer spirituellen Lebensanschauung Rückhalt
* Ihr Partner hat Verständnis für Ihre Pläne

Ein Hinweis für ganz frisch Verliebte:
Ein angenehmes Miteinander aber ohne tiefe Bindung.

Der Engel ist YEIAIEL
Er sendet uns Lebenskraft und läßt Güte durch uns fließen.

Natur ist die Verkörperung der Lebenskraft. Alles Neue kann aus der Erde hervorgehen und sich üppig entfalten. Dieser Engel ist wie eine Mutter, die uns mit Vernunft und Güte umsorgt. Hier ist der Anfang, der eine Entwicklung in Bewegung setzt. Diesen Anstoß gibt die zeugende Kraft der Schöpfung. Jede Handlung wird unser Schicksal unauslöschlich prägen. Deshalb sollten wir genau bedenken, wohin diese Wege führen, und unsere Ziele nicht zu niedrig ansetzen. Es herrschen ideale Bedingungen für das Wachsen und die Erfüllung von Plänen. Wir erleben Optimismus, Ausgeglichenheit und menschliche Wärme. Die Schöpferkraft kann sich auch als Fruchtbarkeit ausdrücken. Es kann eine Schwangerschaft sein, oder eine Geburt verläuft positiv.

3 Entfaltung
Ein wohltuender Einfluß der Versöhnung breitet sich aus. Sinnlichkeit und Fruchtbarkeit bringt die Beziehung zum Gedeihen. Es wachsen neue Bereiche, die Anregungen für noch mehr Fülle sein können. Sie wollen ein Heim schaffen. Ihnen ist die Familie wichtig. Sie können Hilfsbereitschaft und Verständnis erwarten. Die Sache nimmt ihren naturgegebenen Lauf und führt zu einem guten Ende. Neue Lebensfreude kommt.

Sie haben die Kraft, Herausforderungen zu bestehen. Bleiben Sie geduldig. Einem Konflikt sollten Sie aber trotzdem nicht ausweichen. Sie bekommen eine wertvolle Anregung und entdecken neue Wege, Ihr Vorhaben zu verwirklichen. Verzeihen Sie dem anderen den Fehler. In einem Gespräch bekommen Sie neue wichtige Erkenntnisse.

Position 1. Diese sagt etwas über Sie aus:
* Sie fühlen sich geliebt
* Sie sind für Ihre Familie da
* Sie haben Verständnis für den Partner

Position 2. So ist der Partner:
* Er braucht die Familie
* Er liebt die Schönheit, ist künstlerisch tätig
* Er sehnt sich nach mehr Bequemlichkeit

Position 3. Das ist die Beziehung:
* Das gemeinsame Heim gibt Ihnen beiden Rückhalt
* Sie ist lebendig und zufrieden
* Der weibliche Part kann sich stark entfalten

Position 4. Darum geht es nicht:
* Daß es immer heil und harmonisch ist
* Um den finanziellen Aspekt
* Etwas Neues aufzubauen

Position 5. So entwickelt sich Ihr Miteinander:
* Verlorene Genußfähigkeit kommt wieder
* Ihre Familie vergrößert sich oder jemand kommt zurück
* Wachstumskräfte in der Liebe, erfüllte Liebe erleben

Ein Hinweis für ganz frisch Verliebte:
Die Liebe wächst ganz natürlich, ein Ende ist nicht in Sicht.

Der Engel ist REYIEL
Durch ihn zeigen sich Strukturen der Ordnung und erinnern uns an unsere Verantwortung.

Diese Kraft wirkt lebensschützend und erhaltend. Wir brauchen einen Lebenssinn. Richtlinien und Prinzipien sind dafür die Eckpfeiler. Dieser Engel führt uns zielstrebig und mit Ausdauer zum Erfolg. Schon lange Geplantes nimmt nun endlich konkrete Formen an. Es umgibt uns eine Atmosphäre von Klarheit und Größe. Nichts, was sich bewährt hat, sollte vergessen oder geändert werden. Persönliche Beziehungen können sich nun verstärken und festigen. Wenn wir unsere Qualitäten anerkennen, sind wir in der Lage, unsere Persönlichkeit zu stärken. Dadurch können wir auch erkennen, ob das, was wir uns wünschen, auch das Richtige für uns ist. Durch eine maßvolle Einteilung unseres Lebensrhythmus vermeiden wir chaotische Zustände.

4 Systematik
Klare Verhältnisse für die Beziehung werden hier angezeigt. Die Beziehung ist eher nüchtern und konsequent. Sie zeigt jedoch Beständigkeit. Durchhalten, auch bei Problemen, ist ihre Stärke. Sie oder Ihr Partner zeigen sich verantwortungsbereit und beschützend.

Der männliche Part klärt die Beziehung. Eventuell zeigt es auch eine männliche Dominanz. Sexualität ja, aber innerhalb moralischer Integrität wird gewünscht. Es geht um eine Beherrschung der Kräfte.

Es geht ebenso um ein Erkennen der eigenen Verantwortung, auch für Ereignisse, die scheinbar nicht von uns beeinflußt wurden, also von außen gekommen sind. Es geht um eine Umsetzung von Schritten, die funktionieren, und darum, realistische Pläne zu machen.

Sie müssen sich durchbeißen und Ihre Konsequenz und Willensstärke beweisen. Stehen Sie zu Ihrer Zusage, auch wenn es Mühe bereitet. Verzetteln Sie sich jetzt nicht an einer Vielzahl von Plänen. Konzentrieren Sie sich auf das Wichtigste und lassen Sie sich nicht von anderen ablenken. Behalten Sie auch dann den Überblick, wenn andere die Nerven verlieren.

Was Sie jetzt beginnen, muß sehr genau durchdacht sein. Wenn Sie unvorbereitet sind, besteht die Gefahr, daß Sie enttäuscht werden.

Position 1. Diese sagt etwas über Sie aus:
* Sie üben sich in Selbstbeherrschung
* Sie wollen klare Verhältnisse
* Sie übernehmen die Verantwortung

Position 2. So ist der Partner:
* Er will seine Pläne durchsetzen
* Er ist nüchtern und konsequent
* Er will sich durchbeißen

Position 3. Das ist die Beziehung:
* Ist zuverlässig und stabil
* Der männliche Part dominiert
* Realitätssinn macht beide erfolgreich

Position 4. Darum geht es nicht:
* Zu starke Dominanz
* Einschränkungen hinzunehmen
* Einer Klärung der Verhältnisse zu diesem Zeitpunkt

Position 5. So entwickelt sich Ihr Miteinander:
* Die Beziehung hält, Sie sind bereit, sich durchzubeißen
* Sie bekommen Unterstützung durch Ihren Partner
* Es kommt mehr Leidenschaft in die Partnerschaft

Ein Hinweis für ganz frisch Verliebte:
Es liegt an Ihrer eigenen Entschlossenheit, ob mehr daraus wird.

Der Engel ist YEHUIAH
Er hilft uns, den Sinn von Prüfungen zu verstehen und läßt Objektivität in uns wachsen.

So wie ein Baum durch den Wind in seinem Wuchs geformt wird, werden wir durch unser Leben geformt. Wenn wir Abstand haben, erkennen wir es auch. Der Engel offenbart uns drei Welten: Den Himmel, die Erde und die Unterwelt. Wenn wir den Zusammenhang zwischen diesen Ebenen erkennen, befinden wir uns in der Weltmitte des Geschehens. Wir verschmelzen mit unserem inneren Kraftzentrum. Ruhe im Herzen, kein Intellekt lenkt ab, so stehen wir da. Universelle Liebe durchdringt uns. Wir fühlen hohe Geistigkeit und Sympathie für alle Wesen. Freundlich und wohlwollend werden wir aufgenommen in den Kreis unserer geistigen Führung. Wir können erkennen, daß unser Leid immer am größten war, bevor wir bereit waren, zur nächsten Stufe zu gehen. Sobald aber dieser Schritt getan wurde, war das Leid beendet. Wenn wir an den tiefen Sinn der Dinge glauben und nach bestem Wissen handeln, führt dieses zum größten Erfolg.

5 Erkenntnis
Dieses ist eine Beziehung, die offizielle Anerkennung braucht. Ein höheres gemeinsames Ziel ist wichtig. Die Beziehung soll sinnvoll sein. Die Grundlage ist Aufrichtigkeit der Partner. Vertrauen zueinander und hohe Ideale können viel bewegen. Es kann auch sein, daß Sie nach dem Sinn Ihrer Beziehung suchen. Religion und Moral hat für Sie große Bedeutung.

Eine baldige Hochzeit, falls Sie noch nicht verheiratet sind, ist möglich.

Lassen Sie sich nicht zu einer voreiligen Entscheidung drängen. Denken Sie dabei nicht nur an Ihren Vorteil. Gehen Sie mit einem anderen Menschen nicht zu sehr ins Gericht, sonst drohen massive Auseinandersetzungen. Seien Sie versöhnlich. Ein Scheinfrieden ist jedoch nur von kurzer Dauer.

Unterwerfen Sie sich einer übergeordneten Aufgabe, setzten Sie sich für die Verwirklichung Ihres Ideales in der Liebesbeziehung ein.

Position 1. Diese sagt etwas über Sie aus:
* Sie suchen nach dem Sinn dieser Situation
* Sie wollen die Wahrheit wissen
* Moralische Wertmaßstäbe sind wichtig

Position 2. So ist der Partner:
* Er hält sich an die gesellschaftliche Moral
* Er ist aufrichtig
* Er sucht nach dem Sinn dieser Beziehung

Position 3. Das ist die Beziehung:
* Lebt hohe Ideale
* Philosophie und Religion haben große Bedeutung
* Vertrauensvoll, jeder erfüllt seine Pflichten

Position 4. Darum geht es nicht:
* Einen Scheinfrieden zu erlangen
* Sich für neue Ideen zu öffnen
* Sich zu sehr an die Moral zu halten

Position 5. So entwickelt sich Ihr Miteinander:
* Zu einem sinnvollen Austausch
* Einer offiziellen Anerkennung Ihrer Beziehung
* Sie erkennen Ihren Weg

Ein Hinweis für ganz frisch Verliebte:
Versuchen Sie eine übergeordnete Aufgabe für sich und Ihren Partner zu finden.

Der Engel ist ARIEL
Er entwickelt die Kraft der Liebe.

Durch die Liebe wird Unmögliches Wirklichkeit. Wir kennen Amor, der mit dem Pfeil mitten ins Herz schießt. Dieser Pfeil ist wie ein Lichtstrahl, der den direkten Weg in unsere Mitte findet. Wie dieses Bild zeigt, kann Liebe plötzlich und schmerzhaft in unser Leben treten. Der Engel jedoch öffnet unser Herz und läßt Liebe auf sanfte Weise hineinfließen. Manchmal muß man sich zwischen zwei verschiedenen Lebensweisen oder zwei Liebespartnern entscheiden. Auch zwischen Kind und Liebespartner oder zwischen den Eltern und dem eigenen Leben. Hier ist die richtige Entscheidung immer die der inneren Stimme: Die Herzensentscheidung. Auf diese Weise können wir alle unsere Entscheidungen treffen.

6 Liebe

Es ist ein inniges Liebesversprechen miteinander; auch eine Entscheidung füreinander.

Die richtigen Partner haben sich gefunden. Bekennen Sie sich zueinander. Alte Beziehungen blühen wieder auf. Sie verlieben sich neu.

Sie sind am Scheideweg. Verliebtheit oder Strohfeuer? Amors Pfeil hat Ihnen die große Liebe gebracht. Der Weg des Herzens heißt, aus Liebe zu handeln.

Sie bekommen eine Gelegenheit zur Erfüllung eines Herzenswunsches.

Eine neue Hoffnung auf Liebe kann jetzt in Ihnen aufkeimen, sie erfüllt sich. Seien Sie ganz für Ihren Partner da. Wenn Sie jetzt die Augen offen halten, können Sie unverhofft Ihr Glück in der Liebe finden. Gehen Sie mehr aus sich heraus.

Sie setzen sich leicht durch, wenn Sie die Gefühle des anderen ansprechen. Mißbrauchen Sie dieses aber nicht, sondern suchen Sie nach dem gemeinsamen Weg.

Position 1. Diese sagt etwas über Sie aus:
* Sie haben den richtigen Partner
* Sie wollen sich innig verbinden
* Sie sind verliebt

Position 2. So ist der Partner:
* Er handelt aus Liebe zu Ihnen
* Er muß sich entscheiden
* Er richtet sich nach seinen Gefühlen

Position 3. Das ist die Beziehung:
* Liebevoll und innig
* Sie gehören zusammen, trotz der Gegensätze
* Sie haben sich füreinander entschieden

Position 4. Darum geht es nicht:
* Daß es Liebe ist zwischen Ihnen
* Sich zwischen Liebe und Karriere zu entscheiden
* Eine Entscheidung füreinander

Position 5. So entwickelt sich Ihr Miteinander:
* Eine Liebeserklärung löst Ihr Problem
* Sie erkennen den Weg des Herzens
* Alte Liebe blüht auf, oder Sie verlieben sich neu

Ein Hinweis für ganz frisch Verliebte:
Eine tiefe Liebe ist erwacht. Sie haben den richtigen Partner.

Der Engel ist IMAMIAH
Durch ihn erkennen wir, daß unser Selbstvertrauen Gottvertrauen ist.

Der Engel zeigt uns, daß wir mit zunehmendem Selbstbewußtsein immer deutlicher erkennen, daß wir allein nichts hinbekommen. Ängste und Zweifel werden überwunden. Den Kampf am Scheideweg des Schicksals gewinnen wir. Es ist dann erst einmal egal, ob noch andere Kämpfe warten. Es geht nun darum, den neuen Weg zu gehen, sich neue Ziele zu setzen. Durch unseren Sieg gelingt es uns, Geist und Gefühl in Harmonie zu bringen, Gegensätzliches in Balance zu halten. Danach können wir neue Herausforderungen annehmen. Wir brechen auf, um Grenzen zu sprengen, und es gelingt uns. Nach langer Zeit des Zweifelns erstrahlt jetzt wieder alles im neuen Licht.

7 Aufstieg

Der Kampf ist bestanden, und der Triumph darf ausgekostet werden. Ein Comeback auf höherer Ebene kann angegangen werden. Es ist der Abschluß eines Zyklus und ein Neubeginn.

Ein neuer Frühling in alter Liebesbeziehung ist ebenso möglich wie auch eine ganz neue Liebe.

Alte Probleme sind überwunden. Sie haben den Karren gezogen und sich damit weitergebracht. Vorsicht jedoch vor Dreiecksbeziehungen. Das funktioniert nicht.

Verwandeln Sie innere Spannungen in Motivation. Polen Sie Aggression in Antrieb um. Verwirklichen Sie ihren Willen und denken Sie daran, daß diese Karte Aufstieg bedeutet.

Beziehen Sie Ihren Partner in Ihre Zukunftsgedanken mit ein. Erwarten Sie aber nicht , daß er das Tempo mithält. Notfalls müssen Sie es auch allein angehen.

Lassen Sie sich auch von anderen Menschen anregen und motivieren. Öffnen Sie sich für gute Ideen. Sie finden in entspannter Stimmung zu neuen Ansätzen.

Position 1. Diese sagt etwas über Sie aus:
* Sie möchten Ihr Leben mit Ihrem Liebsten meistern
* Sie wollen sich Ihre Fehler nicht eingestehen
* Sie wollen alles hinter sich lassen und Neues erleben

Position 2. So ist der Partner:
* Er hat sich Anerkennung erworben
* Er ist wohlhabend, in guter Position
* Er kann seine Emotionen zügeln

Position 3. Das ist die Beziehung:
* Frieden nach einem Streit, Genesung
* Emotional nach vorn gerichtet
* Erfüllt Ihre ehrgeizigen Ziele

Position 4. Darum geht es nicht:
* Sich auf eine Reise zu begeben, um die Beziehung hinter sich zu lassen
* Eine Dreiecksbeziehung zu leben
* Die alten Probleme schon überwunden zu glauben

Position 5. So entwickelt sich Ihr Miteinander:
* Sie machen in Ihrer Partnerschaft einen großen Schritt nach vorn
* Sie wachsen über sich hinaus
* Neue Chancen, miteinander umzugehen, tun sich auf

Ein Hinweis für ganz frisch Verliebte:
Blockaden, die bisher bestanden, sind überwunden.

Der Engel ist YEZALEL
Seine Energien zeigen sich durch Kraft und Entschlossenheit.

Alle Hindernisse weichen. Die Welt steht bereit und offen, um große Ideen zu verwirklichen. Dieser Engel bringt unvergleichlichen Erfolg durch die Kraft seiner Energie. Wir brauchen die richtigen Zielsetzungen. Diese Zeit ist zu kostbar, um sie mit wertlosen Wagnissen zu vergeuden. Wir können andere Menschen entschlossen und liebevoll führen. Unsere Stärke fördert den Zusammenhalt von Gruppen. Wir schenken unserer sexuellen Kraft mehr Beachtung. Dadurch steigern wir unsere Vitalität und Lebensfreude. So werden wir uns ganz deutlich unserer inneren Stärke bewußt. Vielleicht hilft uns auch ein erfahrener Mensch dabei.

8 Stärke
Die Bedeutung dieses Engels ist Begeisterung und Freude. Es wirkt starke sexuelle Kraft, die sich über gesellschaftliche Tabus hinwegsetzt. Lustvolle Liebe, stürmisch und spannend.

Die Beziehung ist voller Leidenschaft, Ihr Blut pulsiert. Mit Ihrem Partner entwickeln Sie große Pläne. Ihr Engagement kommt Ihrer Beziehung zu Gute.

Es liegt eine gute und lebendige Zeit vor Ihnen. Sie müssen zwar auch mit Herausforderungen zurechtkommen, aber für kraftraubende Anforderungen haben Sie jetzt genug Energie.

Schmieden Sie Zukunftspläne, gehen Sie aber Ihren Weg auch ohne den Partner, falls Sie ihn nicht überzeugen können.

Position 1. Diese sagt etwas über Sie aus:
* Sie kämpfen wie ein Samurai
* Sie lieben das Leben und fühlen sich voller Energie
* Sie kennen Ihren Wert

Position 2. So ist der Partner:
* Er kann sich durchsetzen
* Er begehrt Sie
* Er setzt sich über Tabus hinweg

Position 3. Das ist die Beziehung:
* Ist voller Leidenschaft
* Voller großer Pläne
* Mutig sich negativen Kräften entgegensetzend

Position 4. Darum geht es nicht:
* Sich über Tabus hinwegzusetzen
* Sich zu stark zu fühlen
* Sexualität überzubewerten

Position 5. So entwickelt sich Ihr Miteinander:
* Eine neue Kraft erwacht
* Verlangen und spirituelle Kraft vereinen sich
* Entschlossen trotzen Sie Versuchungen

Ein Hinweis für ganz frisch Verliebte:
Sexualität wird jetzt leicht überbewertet. Sie erleben nur mit innerer Balance die leidenschaftliche Freude daran.

Der Engel ist AYAEL
Er führt uns zu Einfachheit und Ruhe.

Das Bedürfnis nach Ruhe und Meditation ist ein Regulativ, um wieder zu uns selbst zu finden. Dieser Rückzug in die Stille hat deshalb einen hohen Wert. Wir sehen den Engel an und sehen ein Wesen mit einer lebendigen fluoreszierenden Energie. Durch dieses Bild graben sich tiefe Erkenntnisse in unser Bewußtsein. Das Wesentliche können wir nicht außen finden. Der Rückzug in die Stille ermöglicht es, zu eigenständigen Ergebnissen zu gelangen. Fehler, die wir erkannt haben, können wir korrigieren. Dadurch sind wir in der Lage, uns selbst zu verzeihen. Ebenso ist eine Versöhnung mit anderen Menschen möglich.

9 Besinnung
Es geht um Rückzug und Besinnung. Hören Sie nicht auf andere. Der Partner hilft Ihnen jedenfalls nicht. Die Aufgabe muß allein bewältigt werden.

Rückzug ist wichtig, um über die Beziehung nachzudenken. Zeit für sich selbst haben, echt und authentisch sein geht nur, wenn Sie Selbsterkenntnis gewinnen. Sie sind auf dem Weg, ein reifer Mensch zu werden.

Ihre Beziehung ist konsequent, ernsthaft und introvertiert.

Falls Sie allein sind, lernen Sie, sich erst selbst zu öffnen, bevor Sie für einen neuen Partner bereit sind.

Wenn es zu Unruhe und Aufregung kommt, verhalten Sie sich defensiv. Gewinnen Sie Ihr Gleichgewicht wieder. Stehen Sie zu Ihrer besinnlichen Stimmung und lassen Sie sich nicht von anderen ablenken.

Haben Sie in der Liebe Geduld. Entfalten Sie sich jetzt im Hintergrund. Bringen Sie in aller Ruhe in Ordnung, was in den letzten Tagen durcheinandergeraten ist.

Position 1. Diese sagt etwas über Sie aus:
* Sie möchten sich auf Ihren richtigen Weg besinnen
* Sie sind allein
* Ernsthaftigkeit und Ruhe ist für Sie wichtig

Position 2. So ist der Partner:
* Er ist bescheiden
* Seine Zurückhaltung ist eine Sinnsuche
* Er zeigt bei der Auseinandersetzung Besonnenheit

Position 3. Das ist die Beziehung:
* Sie sind sich beide selbst genug
* Sie meinen es ernst miteinander
* Zwischen Ihnen ist eine Distanz entstanden

Position 4. Darum geht es nicht:
* Zu sehr auf andere zu hören
* Um einen Rückzug
* Die Distanz zu akzeptieren

Position 5. So entwickelt sich Ihr Miteinander:
* Sie kommen mit sich ins reine
* Sie werden bescheidener
* Sie machen eine Pause voneinander und ziehen sich zurück

Ein Hinweis für ganz frisch Verliebte:
Ihre Liebe hat wenig Chancen. Wenn überhaupt eine Beziehung daraus wird, dann nur ganz allmählich.

Der Engel ist SITAEL
Er gibt uns Hoffnung und läßt uns unser Schicksal erkennen.

Dieser Engel zeigt uns den Sinn des Lebens. Unser Leben wird als sich drehendes Rad oder Wellenbewegung dargestellt. Generell bedeutet es: unstabile Verhältnisse. Es ist das universelle Gesetz des Wandels. Durch eine positive und hingebungsvolle Haltung kann dieser Wandel als belebender Lebensrhythmus erlebt werden. Wir haben keine Kontrolle darüber, wie wir unsere Ziele erreichen. Die Gegenwart sollte bewußt erlebt werden, und aus den Gedanken und Handlungen im Jetzt gestaltet sich die Zukunft. Die Vergangenheit können wir an einem stillen Platz aufarbeiten und unsere Lehren daraus ziehen. Wir müssen nach dem Gesetz des Lebens handeln.

10 Schicksalsrad
Es eröffnen sich neue vorteilhafte Möglichkeiten. Alles ist in Bewegung.

Es ist Schicksal. Der Partner oder Sie sind in der Entscheidung nicht frei. Sie müssen Schritte machen, die zwangsweise, nicht aus freien Stücken, gemacht werden. Es ist eine schicksalhafte Begegnung. Am besten ist es, sich dem Karma und der Aufgabe zu stellen. Sie können einen bedeutenden Schritt machen. Dieser Weg führt zur richtigen Aufgabe. Das Thema will gelöst werden. Anfangs ist es schwierig, dann wird es leichter.

Warum geschieht dies alles, fragen Sie sich? Sie werden heftig in die Pflicht genommen. Stehen Sie zu einer Zusage und lassen Sie den Partner nicht hängen.

Suchen sie gezielt nach Auswegen aus einer zwanghaften Situation. Selbst wenn sich diese noch mehr zuspitzen sollte, haben Sie dann schon Lösungen, auf die Sie zurückgreifen können.

Begeben Sie sich nicht in Abhängigkeiten, das bringt nur Nachteile.

Fordern Sie vom Partner ein Bekenntnis. Sie können jetzt durch die Gunst des Augenblickes unerwartetes Glück haben.

Position 1. Diese sagt etwas über Sie aus:
* Sie mögen Flexibilität
* Sie stellen sich Ihrem Schicksal
* Sie nutzen die Gunst des Augenblickes

Position 2. So ist der Partner:
* Er ist schicksalhaft für Sie bestimmt
* Er will Herausforderungen bestehen
* Er ist nicht frei

Position 3. Das ist die Beziehung:
* Alles ist in Bewegung
* Bequemlichkeit und Luxus sind für Sie nicht wichtig
* Philosophische Ideen sind die Grundlage Ihrer Gemeinsamkeit

Position 4. Darum geht es nicht:
* Entscheidungen frei treffen zu können
* Auf das unerwartete Glück zu hoffen
* Daß sich von allein etwas ändert

Position 5. So entwickelt sich Ihr Miteinander:
* Seien Sie auf einen plötzlichen Wandel vorbereitet
* Ihr bisheriges Tun trägt seine Früchte
* Durch glückliche Umstände kommen Sie ins Gleichgewicht

Ein Hinweis für ganz frisch Verliebte:
Sie müssen mit dem Unerwarteten rechnen. Ob Glück oder Unglück ist nicht festgelegt.

Der Engel ist *HAVAHEL*
Die Zusage, die uns dieser Engel gibt, hält er ein und gibt uns damit Zuversicht.

Es geht darum, irdische Gerechtigkeit auszuüben. Die Entscheidungskraft im täglichen Leben ist wichtig, nicht eine übergeordnete Wahrheit. Der Engel leistet uns Beistand in verwirrenden Auseinandersetzungen. Es ist ein Kampf gegen Illusion und Leichtgläubigkeit. Alles hat zwei Seiten. Da ein permanentes Gleichgewicht nicht möglich ist, kann nur ein ständiges Ausbalancieren zum gewünschten Ergebnis führen. Streng sein, wenn es um die Sache geht, milde sein, wenn es um die Umsetzung geht. Das heißt auch, sich um Fairneß zu bemühen und Ideale auf ihre Umsetzung zu prüfen. Wir ernten, was wir gesät haben. Für unsere Handlungen sind wir selbst verantwortlich und gestalten so unsere Zukunft.

11 Gerechtigkeit
Ehrlichkeit und Fairneß bestimmen Ihre Beziehung. Die Gefühle sind ausgewogen.

Es überwiegt Neutralität und Verstand. Kluge, überlegte Entscheidungen sind für Sie wichtig. Sie können Ihr Leben eigenverantwortlich gestalten.

Es geht jetzt um eine wichtige und kluge Entscheidung. Treffen Sie diese mit gutem Gewissen. Wenn große Aufrichtigkeit da ist, kommt man zu einem redlichen Ergebnis. Eventuell ist die Beziehung zu kühl und reserviert. Geraten Sie nicht in Panik, wenn der andere seinen eigenen Weg gehen will. Es ist zwar sinnvoll, wenn Sie Bedenken vorbringen, aber Sie dürfen sich nicht in Kritik verbeißen.

Lassen Sie sich nicht zu Handlungen hinreißen, die Sie bereuen könnten. Stellen Sie sich über die Situation und überlegen Sie erst in Ruhe, was zu tun ist.

Meiden Sie alles, was nach Verwicklung riecht.

In der Liebe bemühen Sie sich um Verständigung und reagieren Sie nicht eifersüchtig.

Position 1. Diese sagt etwas über Sie aus:
* Sie sind ehrlich und fair
* Sie wollen Gerechtigkeit
* Altes Unrecht beschäftigt Sie noch immer

Position 2. So ist der Partner:
* Er beurteilt nach strengen Maßstäben
* Er muß eine Schuld zurückzahlen
* Er ist ehrlich zu sich und anderen

Position 3. Das ist die Beziehung:
* Ausgewogene Gefühle bestätigen die Beziehung
* Ihre Beziehung ist aufrichtig
* Die Folgen Ihrer früheren Taten sind sichtbar

Position 4. Darum geht es nicht:
* Immer ein gutes Gewissen haben zu wollen
* Zu rechthaberisch zu sein
* Zu glauben, daß eine höhere Gerechtigkeit alles regelt

Position 5. So entwickelt sich Ihr Miteinander:
* Es kommt zu einer gerechten Lösung
* Der Partner erkennt Ihre Objektivität an
* Sie bekommen eine Zusage, die eingehalten wird

Ein Hinweis für ganz frisch Verliebte:
Was Sie von sich gezeigt haben, das bekommen Sie zurück.

Der Engel ist HAHEUIAH
Er gibt uns eine tiefe Einsicht, damit wir unser Schicksal annehmen können.

Nach der Krise kommt der Friede, das »Annehmen-Können«. Wir wurden von unseren Mitmenschen mißverstanden. Dies kann zu Ohnmacht, aber auch zu einer Reflektion über unsere Situation führen. Dann sind wir einen Schritt weiter. Wenn wir nach Weisheit suchen, ist eine Veränderung ein Schritt nach vorn. Dann lernen wir in dieser Zeit unglaublich viel. Und es wäre doch schade, in so anstrengenden Zeiten nicht das Optimale daraus zu ziehen. Es ist gut, wenn wir uns mit Dingen befassen, die wir bisher vermieden haben. Nun sind sie möglich. Es kann auch das Gefühl auftauchen, Opfer zu sein. Unsere Grundsätze dürfen wir dann nicht aufgeben und keine zusätzlichen Konflikte heraufbeschwören.

12 Wende
Ein Sehen mit neuem Blick ist gefordert. Eine notwendige Umkehr, ein Opfer ist notwendig, sonst geht es nicht weiter. Sie hängen fest oder lassen sich hängen. Ihre Lebensfreude schwindet. Sich als Opfer der Umstände und der Beziehung zu fühlen, bringt Sie nicht weiter. Sie müssen umkehren, wieder lebendig werden durch eine neue Einstellung.

Die bisherigen Ziele der Partnerschaft waren falsch. Eventuell war der finanzielle Aspekt zu wichtig. Außerdem besteht die fatale Neigung, alles niederzureißen.

Fangen Sie damit an, das Gegenteil Ihrer bisherigen Überzeugung zu verkünden. Sind Sie oder Ihr Partner in der Midlife Crisis? Rechnen Sie nicht zu sehr mit der Unterstützung durch den anderen. Nehmen Sie sich nicht zu viel vor und sparen Sie ihre Kraft.

Es kann zu einer Absage, zu einer Verzögerung kommen. Sie müssen damit rechnen, zurückgewiesen und nicht verstanden zu werden. Streit ist da sinnlos. Versuchen Sie jetzt, wieder mehr Ihren Willen und nicht den des Partners durchzusetzen. Bleiben Sie dran, glauben Sie an sich.

Sie sind recht angreifbar. Gehen Sie denjenigen, die Sie herausfordern wollen, deshalb lieber aus dem Weg. Nehmen Sie sich wieder ein Stück Ihrer alten Freiheit zurück.

Position 1. Diese sagt etwas über Sie aus:
* Sie bereuen, was geschehen ist
* Sie sind bereit, ein Opfer zu bringen
* Ihre Lebensfreude schwindet

Position 2. So ist der Partner:
* Er befindet sich in einer Krise, hängt fest
* Er fühlt sich als Opfer der Umstände
* Er denkt an Vergeltung

Position 3. Das ist die Beziehung:
* Die bisherigen Ziele sind falsch
* Sie befinden sich in einer Sackgasse
* Sie wissen nicht, ob eine Veränderung möglich ist

Position 4. Darum geht es nicht:
* Alles niederzureißen
* Weiter festzustecken
* Daß Ihre Ziele falsch sind

Position 5. So entwickelt sich Ihr Miteinander:
* Ein neuer Blickwinkel hilft Ihnen, den Partner mit anderen Augen zu sehen
* Ein Anpassen an die geänderten Umstände
* Verborgenes kommt ans Licht, und Ihre Lage bessert sich

Ein Hinweis für ganz frisch Verliebte:
Diese Liebe hat keine großen Chancen, oder sie ändert sich noch sehr stark.

Der Engel ist SEHEIAH
Durch den Engel erkennen wir, das wir durch das Loslassen neue Impulse bekommen.

Dieses ist das große Loslassen, das natürliche Ende. Der Abschied, dem schon viele kleine Tode vorausgegangen sind. Etwas geht zu Ende. Wir schließen ein Kapitel unserer Vergangenheit. Der Engel läßt uns die Notwendigkeit zum Abschied erkennen. Er zeigt uns die Bedeutung des Todes. Das Alte geht, damit das Neue kommen kann. Dieser Tod bedeutet neues Leben. Das Ego sagt uns aber, daß Sterben ein Risiko ist und wir Angst haben müssen. Aber nur wer den Tod erlebt, kann wirklich leben. Alte Initiationsriten zeigen dieses. Anstatt der Angst kommt die Hingabe. Es kann eine Trennung vom Partner oder das Ende einer unangenehmen Lebensphase bedeuten.

13 Ende

Das Ende des alten Lebens, auch das Ende der Beziehung, wie sie bis jetzt war. Kein plötzliches Ende, sondern ermattet vom langen Weg. Sie stehen vor einer Trennung oder sind auch mitten drin. Der Abschied schmerzt, die Freiheit danach ist aber schon spürbar.

Die Beziehung ist erschöpft, hat sich totgelaufen. Die Liebe ist erloschen, der Partner geht. Gewohnte Verhaltensweisen werden beendet. Der Anfang einer neuen Lebensphase ist immer das Ende der alten. Je deutlicher das Alte beendet ist, desto frischer kann das neue Leben werden. Machen Sie sich innerlich frei. Die Zeit ist dafür reif.

An die Vergänglichkeit erinnert zu werden, ist eine Chance für Reifung. Auch die Trennung des geliebten Menschen durch Tod. Jede Trennung ist auch wie ein Sterben.

Lassen Sie wichtige Vorhaben jetzt lieber. Für Sie ist jetzt nicht die richtige Zeit dazu, und Sie würden durch Ihre Einstellung für unnötige Rückschläge sorgen.

Die Stimmung ist vorübergehend abgekühlt, machen Sie sich aber keine Sorgen, entweder es entsteht etwas Schöneres daraus oder es war sowieso nicht mehr zu kitten.

Es hängt von Ihrer jetzigen Ausgangssituation ab, ob das Ende für Sie bedrohlich oder verheißend wirkt.

Position 1. Diese sagt etwas über Sie aus:
* Sie wollen, daß endlich Schluß ist mit dem Unerträglichen
* Das Ende Ihrer Beziehung erfüllt Sie mit Schrecken
* Sie wissen, daß immer etwas zu Ende gehen muß

Position 2. So ist der Partner:
* Er will sein Leben ändern und Schluß machen mit dem bisherigen
* Er will sich aus der totgelaufenen Beziehung befreien
* Er ist ermattet von dem Streit, möchte diesen beenden

Position 3. Das ist die Beziehung:
* Ihr steht eine radikale Veränderung bevor
* Die Liebe ist erloschen
* Gewohnte Verhaltensweisen haben keinen Bestand mehr

Position 4. Darum geht es nicht:
* Einen Abschied zu befürchten
* Trotz des Wandels alte Pläne weiterzuverfolgen
* Die Beziehung zu beenden

Position 5. So entwickelt sich Ihr Miteinander:
* Sie beenden Altes und erahnen schon das Neue
* Zweifel sind vorbei, es ist zu Ende
* Trennung voneinander

Ein Hinweis für ganz frisch Verliebte:
Die Beziehung hat keinen Bestand.

Der Engel ist LEHAIAH
Er zeigt uns den Weg zu unserer Mitte.

Der Weg der Mitte ist das Gleichgewicht zwischen Intuition und Verstand, zwischen Spirituellem und Materiellem, zwischen Himmel und Erde. Unser Dasein leben wir in diesem Spannungsfeld. Der Engel ist ab jetzt an unserer Seite. Wir können uns auf alles einlassen, was das Leben uns bringt. Mit ruhiger Gründlichkeit können wir verschiedene Interessen in Einklang bringen. Für die Lösung unserer Probleme brauchen wir Ruhe, um abwägen zu können. Dazu kommt der wichtigste Faktor, der richtige Zeitpunkt. Ohne ihn können wir uns anstrengen und schaffen es doch nicht. Das ist ein Geheimnis des richtigen Handelns. Im täglichen Leben sollten wir unsere Kräfte gut dosieren. Mit der richtigen Menge erreichen wir schneller das Ziel als beim sinnlosen Überziehen unserer Energie. Dazu gehört es auch, auf unsere Gesundheit und die unserer Familie zu achten.

14 Balance
Ein Kompromiß zum richtigen Zeitpunkt ist möglich. Es ist ein Gleichgewicht von Geben und Nehmen entstanden. Heiterkeit und Gelassenheit entsteht. Sie finden Frieden. Das richtige Maß von Nähe und Distanz ist jetzt möglich. Vielleicht empfinden Sie Ihren Partner wie einen Seelenführer. Gesundheitlich geht es Ihnen oder Ihrem Partner besser.

Ein ausgeglichener Mensch, auf Harmonie bedacht, wirkt in dieser Zeit anziehend auf Sie.

Bleiben Sie in der Partnerschaft geduldig und lassen Sie sich von der Begeisterung anstecken.

Man kommt Ihnen entgegen. Nehmen Sie das Angebot an, und neue Übereinstimmung kann in der Partnerschaft stattfinden. Halten Sie Abstand zu Menschen, die aggressiv und fordernd auftreten. Handeln Sie besonnen und abwartend. Wirken Sie besänftigend und nehmen Sie Konflikten damit schon früh die Spitze.

Lassen Sie sich durch andere nicht ausbremsen. Setzen Sie Ihre Wünsche auf diplomatische Weise durch und gehen Sie auf einen Kompromiß ein.

Position 1. Diese sagt etwas über Sie aus:
* Sie sind heiter und gelassen
* Sie sehnen sich nach Harmonie
* Sie sind schon viel gleichmütiger geworden

Position 2. So ist der Partner:
* Er fühlt sich ausgeglichen
* Er paßt sich an
* Er verliert Wichtiges aus dem Auge

Position 3. Das ist die Beziehung:
* Ist harmonisch
* Ihr fehlt etwas Biß
* Ein Gleichgewicht von Geben und Nehmen ist entstanden

Position 4. Darum geht es nicht:
* Sich zu sehr anzupassen
* Weiter um Gelassenheit zu ringen
* Sich jetzt auszuruhen

Position 5. So entwickelt sich Ihr Miteinander:
* Es wird alles zusammenpassen
* Es kommt in der Beziehung zur Genesung
* Ein Kompromiß ist möglich

Ein Hinweis für ganz frisch Verliebte:
Suchen Sie nicht zu früh zu große Nähe.

Der Engel ist ASALIAH
Er hilft, unsere Schicksalsprüfungen heil zu überstehen.

Unsere Verzweiflung, vom Weg abgekommen zu sein, ist groß. Wir stehen vor einem Abgrund. Wir müssen uns aber klar machen, daß dieses uns Menschen immer wieder passiert. Jeder erlebt im Leben diese Verzweiflung. Der Engel hilft uns, unseren Schatten anzunehmen. Indem wir diese Seite in uns erkennen, lernen wir Gut und Böse in der Welt zu unterscheiden. Nach dieser Erkenntnis kann der nächste Schritt, das Annehmen stattfinden. Dadurch verwandelt sich das Negative zum Positiven. Wir gewinnen den Kampf gegen Aggression und Verleumdung. Hindernisse und Probleme begleiten uns auf einem falschen Weg. Wenn wir in Verstrickungen verhaftet sind, handeln wir gegen unsere inneren Überzeugungen. Es geht nicht darum, ein Heiliger zu sein, sondern wir sollten nicht zulassen, daß unsere Lebenspläne langsam aufweichen. Wir befreien uns, wenn wir öffentlich für unsere eigenen Überzeugungen eintreten.

15 Schatten
Das Körperliche dominiert zu sehr. Eifersucht, Streitereien, auch Haß bestimmen den Alltag. Es werden unerfüllbare Bedingungen gestellt. Sie haben eine schwierige Beziehung oder sind in einer finsteren Phase. Machtkämpfe, Abhängigkeit, Manipulation, so viel Negativität ist zerrüttend. Es zeigen sich Versuchungen, denen Sie schwer widerstehen können. Sie erleben seelische Verstrickungen miteinander. Sich gegenseitig die geheimen dunklen Wünsche zu offenbaren, bringt Sie da heraus. Selbsterkenntnis und den Partner ohne Illusionen zu lieben, ist das Mittel aus dieser Krise. Zerstören Sie das Netz von Lügen. Hören Sie auf, den Partner herumkriegen zu wollen, ihn zu verführen.

Sie müssen mit Turbulenzen durch andere rechnen. Je weniger Sie sich verwickeln lassen, desto schneller ist wieder Frieden. Es kann zu Uneinigkeiten zwischen dem Partner und Ihnen kommen. Dann beharren Sie nicht zu sehr auf Ihrer Meinung, Sie werden starke Kritik ernten.

Achten Sie darauf, nicht zu launisch zu sein, es kann zum Streit kommen. Lassen Sie sich von Boshaftigkeiten nicht aus der Ruhe bringen. Es bietet sich noch die Gelegenheit zu einem klärenden Gespräch.

Position 1. Diese sagt etwas über Sie aus:
* Sie sind eifersüchtig
* Sie wollen den Partner verführen, herumkriegen
* Sie können sich selbst nicht akzeptieren

Position 2. So ist der Partner:
* Er belügt Sie, ist eifersüchtig
* Er will pure Lust, ohne Liebe
* Er ist eifersüchtig

Position 3. Das ist die Beziehung:
* Streit und Eifersucht herrschen
* Es geht um Sexualität
* Intoleranz und Egoismus erzeugen Druck

Position 4. Darum geht es nicht:
* Eigene geheime Sehnsüchte zu ignorieren
* Zu viel Eifersucht zuzulassen
* Einfluß auf den Partner zu nehmen

Position 5. So entwickelt sich Ihr Miteinander:
* Sie machen sich die negativen Einflüsse bewußt, decken Lügen auf
* Es besteht die Gefahr, eine falsche Entscheidung zu treffen
* Es entsteht eine Versuchung, der schwer zu widerstehen ist

Ein Hinweis für ganz frisch Verliebte:
Lernen Sie sich selbst zu lieben, erst dann sind Sie bereit für eine Beziehung.

Der Engel ist MEBAHIAH
Er stärkt unerschütterlich unser Vertrauen in das wahre Leben.

Das Schicksal sucht sich unseren wundesten Punkt. Es kommt bei jedem von uns der Moment, in dem materielle Sicherheit oder unser spiritueller Glaube zusammenzubrechen droht. Wir verlieren den Partner oder ein geliebtes Wesen. Der Engel sagt uns: Ihr verliert Eure materiellen Güter, Freunde, Liebespartner und die Familie. Euch ist nichts mehr geblieben, nur ihr selbst. Diejenigen, die den Verlust und das vom Schicksal Geschüttelt-Werden annehmen können, haben den entscheidenden Durchbruch erzielt. Sie haben den Nebel überwunden, der vor dem wirklichen Leben besteht. Wer diese Prüfungen besteht, den kann nichts mehr erschüttern. Von den alten Zwängen befreit, können wir sogar erkennen, wo die Veränderung zu unserem Besten war, und danach handeln. Allerdings begleitet die Angst uns, wenn wir einen neuen Standpunkt einnehmen. Je vertrauensvoller und bereitwilliger wir loslassen, desto leichter wird der Umbruch sein. Diese Zeit trägt schon den Keim des Erfolges in sich.

16 Umbruch
Plötzlicher Wandel, zerstörte Hoffnungen und Bruch in der Partnerschaft, diese Sprengkraft steckt in dieser Deutung, Krieg und Erschütterung. Die Beziehung und das Fundament sind gefährdet. Sie oder Ihr Partner sprengen den Rahmen, der zu eng geworden ist. Alles ist ins Wanken geraten, wie vom Blitz getroffen. Später können Sie sehen, daß Ihnen damit auch ein Durchbruch gelungen ist. Noch sind Sie aus der Bahn geworfen. Alte Verkrustungen sind aufgebrochen, Sie stehen vor einem Scherbenhaufen. Wenn sich diese Unruhe gelegt hat, und das kann schnell gehen, erkennen Sie in diesem Umsturz auch die Inspiration zu einer glückverheißenden Chance.

Sie müssen mit Spannungen in der Partnerschaft rechnen, die sich nun entladen. Bleiben Sie in dieser Situation so gelassen wie möglich. Die Stimmung ist unruhig und angespannt.

Sie werden in einen Konflikt hineingezogen oder verursachen ihn selbst. Gehen Sie auf Abstand und versuchen Sie, sich zu erholen. Sie können unter massivem Druck geraten, wenn Sie Ihre Position und Lage nicht überdenken. Pokern Sie nicht zu hoch und versuchen Sie nicht, mit Gewalt Ihre Ziele durchzusetzen, es kann schiefgehen.

Sammeln Sie die wertvollen Anregungen, die Ihnen im Trubel der Ereignisse zu Ohren kommen, sie sollten nicht verlorengehen.

Position 1. Diese sagt etwas über Sie aus:
* Sie stehen vor einem Scherbenhaufen
* Sie haben unüberlegt gehandelt
* Ihre Hoffnungen sind ins Wanken geraten

Position 2. So ist der Partner:
* Er will seine Freiheit über alles stellen
* Er ist aus dem Gleichgewicht geraten
* Er löst falsche Überzeugungen auf

Position 3. Das ist die Beziehung:
* Die Gefahr eines Verfalles, eines Bruches ist da
* Sie ist im Umbruch
* Altes wird zerstört, damit Neues kommen kann

Position 4. Darum geht es nicht:
* Um langsamen sanften Wandel
* Nichts ändern zu müssen
* Die eigene Schuld an dem Konflikt abzustreiten

Position 5. So entwickelt sich Ihr Miteinander:
* Ihre Erwartungen scheitern, da Ihnen die Grundlage fehlt
* Zusammenbruch, Trennung, dann Durchbruch
* Wandel zum Besseren nach durchlebten Enttäuschungen

Ein Hinweis für ganz frisch Verliebte:
Stolz verhindert, daß eine innige Beziehung aufgebaut werden kann.

Der Engel ist MEHIEL
Er stärkt unsere Persönlichkeit und entfaltet unsere Spiritualität.

Menschen, die ihre hohen Ideale leben, haben eine starke Ausstrahlung. Sie besitzen eine natürliche Schönheit, die Widerschein ihrer inneren Einstellung ist. Der Engel zeigt uns einen losgelösten Augenblick der Freude. Sie entsteht aus einer Vision der vollkommenen Welt. Es geht nicht darum, diese Vision zu materialisieren, sondern in ihrer Betrachtung uns selbst zu erheben. Aus dieser Eingebung heraus können wir kreativ werden und diese Vision umsetzen. Wir haben die Fähigkeit, einen außergewöhnlichen Blickwinkel zu erlangen. Es manifestiert sich Freude, die wir nie wieder vergessen. Wir sind danach jemand anderer, wir haben in uns einen neuen Status. Die Liebe wird als sehr ideal erlebt. Die Beziehung erscheint umgeben von Zauber. Konkretes sollte jetzt aber nicht geplant werden.

17 Sterne
Es kommt eine neue Liebe und mehr Leichtigkeit in Ihr Leben. Freundschaftlich klopft das Glück an. Die Sterne sind Ihre Beschützer. Eine schöne und erfreuliche Zukunft liegt vor Ihnen. Sie bekommen neuen Mut und Zuversicht. Dadurch können Sie sich aus der Alltagssicht lösen und einen Einblick in kosmische Gesetze bekommen. Sie erhalten Unterstützung und Hilfe. Die Probleme in Ihrer Partnerschaft verschwinden. Eine höhere Führung fördert Ihre gemeinsamen Vorhaben. Schmieden Sie Zukunftspläne. Geben Sie Ihre ganze Phantasie und Ideen hinein. Die Gelegenheit, Ihre Wünsche zu verwirklichen, kommt.

Sie haben eine sehr gute und kraftvolle Zeit vor sich. Machen Sie sich eine schöne Zeit zu zweit.

Sie haben erstaunliche Einfälle und Vorahnungen. Es lohnt sich, wenn Sie sich näher damit befassen. Ein Treffen mit anderen kann sehr anregend, lustig und lebendig werden.

Lassen Sie Ihre Seele baumeln und kommen Sie spielerisch Ihrem Partner näher.

In der Liebe können Sie jetzt das Glück finden.

Position 1. Diese sagt etwas über Sie aus:
* Sie denken positiv
* Sie sind ganz losgelöst und heiter
* Unbekümmert suchen Sie Kontakt

Position 2. So ist der Partner:
* Er sieht Sie zu idealistisch
* Er ist Ihnen ein guter Freund, steht Ihnen zur Seite
* Er bringt Sie zum Lachen

Position 3. Das ist die Beziehung:
* Bringt Frieden
* Ihre Liebe steht unter einem guten Stern
* Hat Zukunft

Position 4. Darum geht es nicht:
* Immer nur das Positive zu sehen
* Zu viel an die Zukunft zu denken
* Auf einen leichten Ausweg zu hoffen

Position 5. So entwickelt sich Ihr Miteinander:
* Alle Vorzeichen zeigen ein gutes Ende
* Sie haben sich richtig entschieden, es erwartet Sie Glück
* Sie bekommen neue körperliche und seelische Energien

Ein Hinweis für ganz frisch Verliebte:
Eine glückliche, leichte Beziehung winkt Ihnen.

Der Engel ist MUMIAH
Der Engel befreit uns von unserer Angst.

Der Mond löst Befremden und Angst aus. Er zieht uns in eine Welt des Traumes. Es besteht eine enge Beziehung zwischen Erde und Mond. Die Meditation ist dem Mond zugeordnet. Wir ziehen uns in unser Selbst zurück und erleben den Unterschied zwischen Wach- und Traumbewußtsein. Wie in einem See liegen die Erinnerungen des Unbewußten darin und werden durch die Meditation wiederbelebt. Wir standen im Dunkel und kommen ans Licht. Sich das Unbewußte bewußt machen, hilft bei Depressionen und Angst. Wir lernen, auf die Botschaft unserer Träume zu hören, und leben im Einklang mit den Rhythmen der Natur.

18 Mond
Dieses ist eine Phase der Ungewißheit und der Angst. Sie haben Sehnsucht nach dem Seelenpartner. Es besteht eigentlich kein Grund zur Sorge. Ihre Angst ist wie ein Albtraum, Finsternis umgibt alles.

Sie sind verunsichert, Ihnen wird der Schlaf geraubt. Gehen Sie den Weg der Angst. Haben Sie keine Angst, sich zu verirren. Tiefe und bereichernde Erfahrungen bleiben danach übrig. Sie haben jetzt in der Partnerschaft Orientierungsschwierigkeiten. Sie machen sich Sorgen um Ihre Beziehung. Wenn Sie sich in einer schwierigen Lage befinden, sollten Sie sich viel Zeit zum Nachdenken nehmen. Es ist wichtig, die Hintergründe für Ihre Zweifel und Ängste zu kennen.

Träume können hilfreich sein, und wenn Sie diese verstehen, können Sie ihnen auch vertrauen.

Ein innerer Konflikt kann sich jetzt bedenklich zuspitzen. Ziehen Sie sich zurück und üben Sie in der Partnerschaft Toleranz.

Lassen Sie sich nicht zu sehr von Ihrer Stimmung treiben. Fassen Sie einen Vorsatz und halten Sie daran fest. So können Sie schon bald mehr Sicherheit bekommen.

Lassen Sie sich von der Kritik, die andere an Ihnen üben, nicht verunsichern. Nehmen Sie brauchbare Anregungen an.

Position 1. Diese sagt etwas über Sie aus:
* Sie sind sehr emotional
* Sie haben Angst vor der Ungewißheit
* Zu viel Phantasie versperrt Ihnen die klare Sicht

Position 2. So ist der Partner:
* Er ist sich Ihrer nicht sicher
* Er fühlt sich mißverstanden
* Er verfügt über übersinnliche Gaben

Position 3. Das ist die Beziehung:
* Rätselhaft, voller Geheimnisse
* Ungewiß, Sie sind sich beide nicht sicher
* Unbewußte tiefe Gefühle

Position 4. Darum geht es nicht:
* Angst zu haben
* Das Rätsel zu lösen versuchen
* Den Versprechungen zu mißtrauen

Position 5. So entwickelt sich Ihr Miteinander:
* Ihre Liebe zum Wasser verbindet Sie
* Die nächste Phase Ihrer Beziehung ist unbeständig
* Ihre unerfüllten Sehnsüchte wachsen

Ein Hinweis für ganz frisch Verliebte:
Ihre Sehnsucht hat nicht unbedingt einen realen Hintergrund.

Der Engel ist CAHETEL
Er läßt Großzügigkeit und Freude entstehen.

Der höchste Sonnenstand bedeutet in der Astrologie Freude und Erfolg. Alle Fähigkeiten werden genutzt. Das entspricht der vollen Entfaltung der Persönlichkeit. Der Engel erfüllt all unsere Erwartungen. Er zeigt uns die Sonnenseite des Lebens. Unsere Situation verbessert sich zu unserer Zufriedenheit. Wir bekommen neue Kraft und neuen Lebensmut. Wenn wir einmal wissen, wie unser eigenes Paradies aussehen soll, können wir es auch erreichen. Die Angst vor dem Dunkel ist überwunden. Das Leben sollte Spaß machen, wir möchten die Annehmlichkeiten und die Schönheit entdecken. Diese Sonnenkraft fördert unsere Projekte. Wir sind dankbar für das Erreichte.

19 Sonne
Sie haben Glück und erlangen Zufriedenheit. Sie leben eine erfüllte Romanze mit Großzügigkeit und Leidenschaft. Öffnen Sie sich für die schönen Seiten des Lebens.

Sie leben mit einem Partner, der Großmut zeigt. Genießen Sie Herzlichkeit und Sorglosigkeit. Ihre Gemeinsamkeit öffnet alle Türen.

Es kommt zu einer Aussöhnung, Sie fühlen sich wie neugeboren, gut gelaunt. Sie haben eine hervorragende Zeit vor sich, in der alles glattgeht.

Sie erleben wieder Freude am Handeln und haben Lust, ein kleines Fest zu veranstalten.

In dieser sorglosen Zeit, die Sie vor sich haben, können Sie einen anderen Menschen seelisch aufbauen. Gehen Sie auf den Partner zu, suchen Sie das Gespräch. Seien Sie großzügig und einigen Sie sich. Blinde Begeisterung kann aber auch zu Fehlern verführen. Versprechen Sie nicht zu viel.

Machen Sie es sich gemütlich und unternehmen etwas Schönes mit Ihrem Liebsten oder Ihrer Familie. Sie sind jetzt der Mittelpunkt im Leben des Partners.

Position 1. Diese sagt etwas über Sie aus:
* Sie strahlen Lebensfreude aus
* Sie wollen im Mittelpunkt stehen
* Ihre Gefühle sind aufrichtig

Position 2. So ist der Partner:
* Er löst die Probleme, ist großzügig
* Er ist bekannt und wird bewundert
* Er liebt Sie und himmelt Sie an

Position 3. Das ist die Beziehung:
* Großzügig und leidenschaftlich
* Sorgen sind überwunden
* Glücklich, kennt keine Zweifel

Position 4. Darum geht es nicht:
* Die Probleme überwunden zu haben
* Immer im Mittelpunkt zu stehen
* Spaß und Freude zu haben

Position 5. So entwickelt sich Ihr Miteinander:
* Eine erfüllte Romanze
* Triumphaler Neubeginn
* Die hohen Erwartungen erfüllen sich

Ein Hinweis für ganz frisch Verliebte:
Glück und Zufriedenheit entwickelt sich durch diese Beziehung.

Der Engel ist HAHAIAH
Er löst unsere Fesseln und gibt uns Flügel.

Ein neuer Lebensabschnitt steht bevor. Dieses ist eine sehr bedeutsame Zeit. Auf der unteren Entwicklungsebene befreien wir uns von Zwängen. Auf der höchsten Ebene bedeutet es das Mysterium der Auferstehung. Der Engel zeigt uns, daß sich der Mensch von seiner Sterblichkeit befreit und sich zur Unsterblichkeit wandelt. Die neue Kraft, die jetzt in uns aufsteigt, hilft in schwierigen Situationen. Wir lernen, Zeichen zu erkennen. Unsere gesamte Existenz lassen wir im Rückblick passieren und legen Rechenschaft ab. Wir werfen einen letzten Blick auf unser Leben und streifen unsere Schuld ab. Nun heben wir den Kopf und blicken nach vorn. Das ist der Sieg des Lichts über die Dunkelheit. Eine neue Zeitrechnung beginnt.

20 Befreiung

Die Lösung eines Problems, eine Befreiung aus unzumutbaren Umständen wird Ihnen angezeigt. Die Zukunft hat wieder ein Gesicht. Etwas längst Verlorenes taucht wieder auf.

Die verloren geglaubte Liebe wird wieder erweckt. Eine kritische Phase nimmt ein gutes Ende. Die Erleichterung ist spürbar. Sie kommen in eine Phase der Heilung. Ein Wandlungsprozeß zum Besseren hat in Ihrer Beziehung stattgefunden.

Sie entwickeln starke kreative Kräfte. Experimentieren Sie mit verschiedenen Ideen, seien es neue Lebensformen oder Liebesabenteuer.

Sie bekommen nun die Gelegenheit zu zeigen, was in Ihnen steckt. Überlegen Sie gut in welche Richtung Sie gehen möchten und halten Sie an diesem Entschluß fest. Sie sind auf einem hohen Energieniveau und können verlorene Lebensströme wiedererwecken. Wenn sich die Gelegenheit bietet, frischen Sie eine alte Beziehung auf. Ihre Spannung löst sich in Luft auf.

Position 1. Diese sagt etwas über Sie aus:
* Sie wollen Ihr Leben nicht mehr nur für andere leben
* Endlich können Sie wieder Ihren Weg erkennen
* Sie suchen nach Heilung

Position 2. So ist der Partner:
* Ist entschlossen, sich aus den gegebenen Umständen zu befreien
* Hat seine Lektionen gelernt
* Setzt sich mit seinen Fehlern auseinander

Position 3. Das ist die Beziehung:
* Hat eine andere Zukunft als bisher
* Entwickelt neue Lebensformen miteinander
* Befreit sich von Vergangenem

Position 4. Darum geht es nicht:
* Befreiung von unangenehmen Pflichten
* Einen Ausweg zu finden
* Erleichterung zu empfinden

Position 5. So entwickelt sich Ihr Miteinander:
* Sie finden wieder, was Sie schon verloren glaubten
* Eine neue Zukunft verspricht neues Glück
* Eine Lösung führt Sie in eine Phase der Heilung

Ein Hinweis für ganz frisch Verliebte:
Erleichterung über das Lösen von Problemen, die unüberwindbar waren.

Der Engel ist YEIALEL
Er bringt Frieden in unser unruhiges Leben.

Wir sind angekommen. Wir sind in unserer materiellen und geistigen Heimat. In der Umgebung, in der wir leben, haben wir unsere Bestimmungen. Obwohl hier Grenzen sind, fühlen wir uns doch ungebunden und erfüllen die uns gestellten Aufgaben gern. Wir sind auch im materiellem Sinne erfolgreich. Selten werden wir mehr besitzen, mehr Förderung erhalten. Alle Vorhaben nehmen glückliche Wendungen. Trotzdem sollten wir darauf achten, uns nur angemessene Ziele zu setzen. Es ist besser, in der kosmischen Ordnung zu bleiben. Dort wo unser Platz ist, erfüllen wir einen Plan. Das Glück und die Zufriedenheit, die wir nun erleben, versetzen uns in die Lage, uns mit einem Widersacher endlich zu versöhnen.

21 Krönung

Ein Wunsch erfüllt sich. Ihre Liebe wird gekrönt. Die Partnerschaft ist von Glück und Zufriedenheit durchströmt. Sie haben zueinander gefunden, bilden eine Einheit. Lassen Sie sich auf diese Beziehung ein. Sie haben den richtigen Platz in dieser Welt gefunden. Sie sind fröhlich und ausgeglichen.

Nehmen Sie sich Zeit füreinander, unternehmen Sie etwas. Erholung und eine ruhige Zeit steht Ihnen bevor. Man kommt Ihnen entgegen. Beteiligen Sie sich bewußt an gemeinsamen Unternehmungen und liefern Sie dafür wertvolle Anregungen. So können Sie Ihre Stellung festigen. Sie werden jetzt zunehmend ruhiger und gelassener, genießen Sie diese Zeit. Es läuft Ihnen nichts davon.

Lassen Sie sich nicht provozieren, bleiben Sie gelassen. Sie können auch andern helfen, mit einer Spannung zurechtzukommen.

Position 1. Diese sagt etwas über Sie aus:
* Sie möchten einen Wunsch erfüllt bekommen
* Sie haben Ihren Platz gefunden
* Eine starke Bindung ist entstanden

Position 2. So ist der Partner:
* Er akzeptiert und liebt Ihre Ideen
* Er will eine Versöhnung
* Er träumt von Ihnen

Position 3. Das ist die Beziehung:
* Eine Krönung Ihrer Liebe
* In Freiheit entscheiden Sie sich füreinander
* Eine sehr starke und innige Beziehung

Position 4. Darum geht es nicht:
* Eine Reise zu unternehmen
* Daß ein Wunsch sich erfüllt
* Füreinander frei zu sein

Position 5. So entwickelt sich Ihr Miteinander:
* Das Ergebnis wird Sie mehr als zufriedenstellen
* Ein alter Traum erfüllt sich doch noch
* Sie können sich frei entfalten und Ihren Platz behaupten

Ein Hinweis für ganz frisch Verliebte:
Diese Liebesbeziehung kann die Erfüllung Ihrer Wünsche sein.

Der Erzengel ist METATRON
Er gibt uns alle Chancen, die wir benötigen.

Dieser Engel gibt uns alle Möglichkeiten unseres Lebens. Wenn wir diese aufgreifen und etwas daraus machen, haben wir einen Anfang gemacht. In der Urkraft liegen unsere gesamten Begabungen. Um sie zu entfalten, muß der Wunsch nach Kreativität da sein. Dazu gehört es auch, sich den Lebensaufgaben zu stellen. Unsere Begabungen sollen in unser Leben einfließen. Unser Unvermögen gehört auch dazu. Aus diesen Komponenten ergibt sich unser Lebensplan. Je näher wir an diesem Plan bleiben, desto schneller entwickeln wir uns. Wir bleiben glücklich und ausgeglichen. Zuerst kommt die Idee. Bei der Umsetzung zeigt sich, ob die Ursprungsidee tauglich ist. Sie wird dann unseren Gegebenheiten angepaßt und hat bei der Erfüllung die endgültige Form.

22 Anbeginn
Es sind alle Möglichkeiten noch oder wieder offen. Ein neuer Beginn mit positiven Vorzeichen kann stattfinden. Sie haben die Chance, sich gemeinsam für etwas zu begeistern, und damit die Möglichkeit, neues Leben in die Beziehung zu bringen. Es ergibt sich eine gute Möglichkeit, Klarheit in Ihre Beziehung zu bringen. Sie müssen allerdings dafür auch Entscheidungen treffen. Es kann sich vieles erfüllen, was bisher nicht möglich war. Eine glückliche Zeit in der Liebe, auch die Chance, die große Liebe zu finden, die Liebe von Dauer.
    Diese erfreuliche Aussicht gibt Ihnen Kraft.
    Jetzt ist die Zeit für weitreichende Überlegungen. Machen Sie sich über Ihre Beziehung Gedanken. Sie haben gute Chancen in jedem Bereich. In der Liebe können Sie eine Eroberung machen. Sie haben die Kraft, einen Anfang zu machen. Nutzen Sie die Zeit, um einen Kontakt zu knüpfen, Sie haben schnellen Erfolg.

Position 1. Diese sagt etwas über Sie aus:
* Sie haben inneren Frieden gewonnen
* Sie fühlen sich körperlich wohl
* Sie möchten neue Chancen nutzen

Position 2. So ist der Partner:
* Er braucht interessante Aufgaben
* Er ist zufrieden mit der Situation
* Er steht mitten im Leben

Position 3. Das ist die Beziehung:
* Beide geben gleichermaßen ihre Energien hinein
* Eine Beziehung, in der sich beide wohlfühlen
* Sie wollen das beste aus Ihrer Situation machen

Position 4. Darum geht es nicht:
* Daß Ihre Liebe Bestand hat
* Daß Sie Frieden erlangen
* Alle Möglichkeiten zu bekommen

Position 5. So entwickelt sich Ihr Miteinander:
* Es gibt noch viele andere und bessere Chancen
* Sie machen etwas Besonderes aus Ihrem Leben
* Sie bekommen die Möglichkeit, eine Herzensangelegenheit zu klären

Ein Hinweis für ganz frisch Verliebte:
Alle Chancen für den Beginn einer glücklichen Beziehung.

Der Erzengel ist RAZIEL
Er macht das Universum fruchtbar.

In den alltäglichen Dingen wohnt ein Zauber. Wenn wir uns am Leben freuen, können wir ein wenig von dieser Magie erleben. Dieser Engel zeigt uns das Wechselspiel dieser Kräfte. Dazu gehören: Tag und Nacht, Ebbe und Flut und der Wechsel der Jahreszeiten. All diese Phänomene zeigen polare Kräfte. Sie sind die großen Wunder der Natur. Jeden Tag halten sie das Gleichgewicht, das für diese Abläufe erforderlich ist, aufrecht. Täglich wird Neues geschaffen. Es kann ohne ständiges Zugeben von Energie nicht geschehen. Die Energie der Schöpferkraft gibt ständig Impulse. Zwischen den beiden positiv und negativ geladenen Polen der Erde und aller Dinge wird eine Spannung erzeugt, die diese Kraft in Gang hält. Es ist die Anziehung der Gegensätze, die diese Schöpferkraft so aktiv macht. Diese Lebenskraft wirkt glückbringend und aufbauend.

23 Schöpferkraft
Sie sind verliebt und haben viele neue Impulse. Eine Anziehung von Gegensätzen macht sich positiv als Kreativität bemerkbar. Unbekümmert leben Sie die Liebe. Sie haben leichtes Spiel. Ihr Partner ist charmant und unbeschwert. Ihre Beziehung ist aber unverbindlich. Sie oder Ihr Partner haben mehrere Eisen im Feuer. Eventuell erweist er sich als wankelmütig, zögerlich. Er ist so flexibel, daß er die Liebe auf die leichte Schulter nimmt. Flirten, die Dinge nicht so eng sehen, ist das Motto. Es kann Ihnen leicht passieren, zwischen den Stühlen zu sitzen. Es kommen Zweifel, ob der andere Sie liebt.

Sie sollten sich von Verpflichtungen freimachen und die Tage unbeschwert genießen.

Geben Sie sich nicht mit reinen Versprechungen zufrieden, fordern Sie etwas Greifbares. Bleiben Sie in finanziellen Dingen miteinander realistisch, lassen Sie sich nicht von riskanten Unternehmungen ködern. Bei einem Streit geben Sie sich auch mit einem Scheinfrieden zufrieden. Lassen Sie Freiräume zu. Die Unbeständigkeit des Partners kann Sie irritieren, führen Sie deshalb ein Gespräch mit ihm.

Ein intensiver Flirt ist genau das richtige für Sie.

Position 1. Diese sagt etwas über Sie aus:
* Sie sind verliebt
* Sie öffnen sich dem Partner, sind unsicher ob er Sie liebt
* Sie suchen Ihre Zwillingsseele

Position 2. So ist der Partner:
* Ihre Beziehung bedeutet ihm etwas
* Er will Ihnen die Hand reichen
* Er ist wankelmütig, hat mehrere Eisen im Feuer

Position 3. Das ist die Beziehung:
* Eine Partnerschaft, die Gegensätze vereinen kann
* Ihre Zweisamkeit hat etwas Unbeschwertes
* Es kommen manchmal Zweifel, ob die Liebe reicht

Position 4. Darum geht es nicht:
* Zweifel an der Liebe des Partners zu haben
* Mehrere Eisen im Feuer zu haben
* Eine Versöhnung um jeden Preis

Position 5. So entwickelt sich Ihr Miteinander:
* Sie sehen die Dinge nicht mehr so eng
* Ein Flirt wird Ihnen gut tun
* Beginn neuer Liebe und Versöhnung

Ein Hinweis für ganz frisch Verliebte:
Eine Begegnung, die zur Liebesbeziehung wird. Gegensätzliches kann vereint werden.

Der Erzengel ist ZAFKIEL
Er bringt uns das Licht in die Welt der Materie.

Hier sind die stabilen Kräfte dieser Welt: das Erhaltende und das Dauerhafte. In einer sehr positiven Weise wird der Besitz und das Heim symbolisiert. Der Engel gibt uns Zuverlässigkeit und Sicherheit. Das gibt uns die nötige Ruhe für ein Innehalten und eine Momentaufnahme in unserem Leben. Das langsame Tempo läßt einen besseren Überblick zu. Warten können, die Dinge reifen lassen, jedem seine eigene Zeit geben, darauf kommt es an. Hier können wir die Materie betrachten und kennenlernen. Auch in der Partnerschaft können wir auf Stabilität bauen. Beständiges Arbeiten festigt alle Vorhaben. Wenn Extreme vermieden werden, kann die Energie auf die wesentlichen Punkte gebündelt werden. Die Verbindung zwischen Himmel und Erde wird aufrechterhalten.

24 Erfahrung
Durch Geduld und Durchhaltevermögen bleiben Ihre Lebensumstände und die Partnerschaft erhalten. Ihre Zuneigung zueinander steht auf solider Basis. Es bestehen gute Aussichten, Krisen zu überwinden. Sie können mit Zuversicht für die Zukunft weitermachen.

Eine alte Ebene ist oder wird überwunden. Es ist wie eine bestandene Prüfung, ein Reifeschritt. Sie empfinden Dankbarkeit und wollen Ihr Glück teilen. Auch eine Hochzeit kann nach dieser überstandenen Bedrängnis stattfinden.

Nach bestandenen Krisen fordern Sie jetzt keine Altschulden ein, sondern gestalten Sie eine neue Ebene mit Zuversicht für die Zukunft. Seien Sie dankbar für den ermöglichten Reifeschritt. Es kann jetzt etwas gleichförmig sein, bleibt aber dafür harmonisch, wenn Sie bei Gesprächen sachlich bleiben.

Nutzen Sie diese Zeit, um die Zukunft zu planen und Ihre Erfahrung bewußt mit einfließen zu lassen. Rechnen Sie aber damit, daß der Partner nicht immer bedenkenlos alles gutheißt.

Position 1. Diese sagt etwas über Sie aus:
* Sie sind geduldig
* Durch Ihre Reife sind Sie im Vorteil
* Sie sind bereit, das Machbare zu akzeptieren

Position 2. So ist der Partner:
* Er hat Weitblick und Reife
* Er wartet den geeigneten Zeitpunkt zum Handeln ab
* Heim und Lebensstandard sind wichtig

Position 3. Das ist die Beziehung:
* Hat große Zuverlässigkeit
* Sie haben sich ein Versprechen gegeben
* Ihr Zuhause bietet Ihnen den Rückhalt

Position 4. Darum geht es nicht:
* Eine Ehe oder feste Bindung einzugehen
* Zuverlässigkeit zu erwarten
* Zu viel Geduld zu haben

Position 5. So entwickelt sich Ihr Miteinander:
* Langsam bessert sich das Miteinander
* Sie erkennen, wo die Beziehung zu sehr erstarrt ist
* Sie geben die Selbstkontrolle auf, die Ihre Liebe hemmt

Ein Hinweis für ganz frisch Verliebte:
Sie brauchen Geduld und müssen Prüfungen bestehen.

Der Erzengel ist ZADKIEL
Er gibt uns beim Formen der materiellen Welt Kraft.

Wir können die Gesetzmäßigkeit der Materie erkennen. Durch eine neue Struktur verändern wir dann unser Leben. Aus dem Chaos entwickelt sich eine neue Ordnung. Der Engel gibt uns Einsicht für ein Sammeln unserer Kräfte. Die Materie bindet uns allerdings auch sehr stark. Wir haben Angst um unseren Besitz und vor einer ungewissen Zukunft. Es ist nicht leicht, sich davon zu befreien. Das Wachstum geht langsam voran. Eine Idee muß erst einmal erprobt werden, bevor sie sich weiterentwickeln kann. Wenn wir zu unseren Aufgaben keine Lust haben, spüren wir diesen Prozeß. Wenn wir uns dann trotzdem daran machen, sie auszuführen, formt sich der anfängliche Widerwille schnell in ein lebendiges Interesse um. Jetzt entsteht die Dynamik des gesunden Wachstums.

25 Wachstum

Alte Strukturen sollten über Bord geworfen werden. Eine neue Ordnung und eine neue Vorgehensweise als bisher ist nun erfolgreich. In der Liebe gibt es keine Garantien. Starre Regeln ersticken die Liebe. Sie sollten jetzt nicht klammern. Ein erstarrtes Miteinander sollte gelöst werden. Die Beziehung hat einen Stillstand. Es kann auch eine erzwungene Ruhe durch Krankheit oder Erschöpfung sein. Vielleicht sind Sie unfreiwillig allein. Akzeptieren Sie die Pause nicht. Wenn Sie sich gelähmt fühlen, versuchen Sie aktiv zu sein.

Kommen Sie Ihrem Partner entgegen. Sie müssen zu mehr Offenheit kommen. Besinnen Sie sich auf Gastfreundschaft, verkriechen Sie sich nicht.

Machen Sie sich keine Vorwürfe für ein Versagen. Versuchen Sie, Verständnis zu zeigen. Räumen Sie Mißverständnisse aus, die zur Entfremdung führen können. Geben Sie dem Partner das Gefühl der Zugehörigkeit. Kümmern Sie sich eventuell um jemanden, der trauert.

Gehen Sie einen Kompromiß zwischen Moral und Zweck ein. Mit einem einseitigen Verhalten blockieren Sie neue Wege.

Position 1. Diese sagt etwas über Sie aus:
* Sie überlegen, ob Sie etwas ändern können
* Sie sind wie gelähmt, allein
* Sie machen eine kreative Pause

Position 2. So ist der Partner:
* Ist erschöpft, braucht eine Ruhepause
* Hat aus Fehlern gelernt
* Setzt sich für das Wohlergehen anderer ein

Position 3. Das ist die Beziehung:
* Braucht eine Pause, ist erstarrt
* Geselligkeit mit Freunden tut ihr gut
* Gefahr, zu sehr »heile Welt« zu leben

Position 4. Darum geht es nicht:
* Zu stark zu klammern
* Dem Partner entgegenzukommen
* Sich zu sehr einzubringen

Position 5. So entwickelt sich Ihr Miteinander:
* Mehr Einsatz in das gemeinsame Werk erzeugt neue Lebensfreude
* Aus dem Chaos entsteht langsam eine neue Struktur
* Der Wachstumsprozeß entwickelt in Ihnen all die Dinge, nach denen Sie sich gesehnt haben

Ein Hinweis für ganz frisch Verliebte:
Sie sind einander scheinbar schon überdrüssig.

Der Erzengel ist KAMAEL

Er verbindet uns mit dem Feuer und reinigt uns dadurch.

Das Leben ist jetzt eine Kraftprobe. Halten wir dem Feuer der Reinigung stand? Der Engel hilft uns über Enttäuschungen hinweg. Er zeigt uns, daß auch in schwierigen Situationen Menschen zusammenhalten. Wir erleben eine Zeit des Verlustes und der Niederlagen. In diesen schicksalhaften Prozessen wirkt der Schmerz als Reinigung. Uns quälen Sorgen, wir fühlen uns ungeliebt. Unser Weg ist bedrückend. Dabei wird nur abgeschnitten, was zu viel war. Zu viel an Überdruß, an Übermut, an Unaufmerksamkeit, an Überwindung. Wenn wir unseren Schmerz jetzt annehmen können, reinigen wir uns selbst. Danach finden wir wieder zu unserer alten Freude zurück. Wenn der Konflikt also unvermeidbar ist, gehen wir diesen Weg schnell und kraftvoll. Unsere emotionale Reaktion auf den Schmerz nehmen wir hin wie Wunden eines Kampfes. Damit akzeptieren wir unsere Verantwortung für das Leben.

26 Reinigung
Schmerz und Eifersucht brennen. Sie führen zur Enttäuschung. Die Liebe ist ein Chaos, ein Risiko. Sie haben Konkurrenz und Sie reiben sich aneinander. Andererseits knistert es vor Spannung. Aber auch Haß und Rachegedanken entstehen. Die Beziehung ist demütigend. Sie fühlen sich ausgeschlossen, allein und ungeliebt. Ihr zerstörtes Glück bereitet Ihnen Kummer. Dazu kommt die Trauer über die schwere Enttäuschung.

Offen oder im Hintergrund hat sich eine starke Gereiztheit aufgebaut. Werden Sie durch andere psychisch unter Druck gesetzt? Steigern Sie sich nicht in die Aufregung hinein. Wenn es Konflikte gibt, versuchen Sie, trotzdem noch einen gemeinsamen Weg zu erkennen. Sie stellen sich sonst selbst ins Abseits. Seien Sie fair, auch wenn es andere nicht sind. Mit Ihrer Kraft stoßen Sie auf Hindernisse, die Sie nicht ignorieren können.

Ihre innere Unruhe kann Sie jetzt zu unbedachten Äußerungen oder Handlungen treiben. Es drohen Ihnen dadurch Nachteile. Diese

Zeit ist eine Phase der Reinigung von allem, was nicht mehr gut für Sie ist. Danach sind Sie befreit und können besser weitermachen.

Position 1. Diese sagt etwas über Sie aus:
* Sie fühlen sich unter Druck
* Ihr Glück ist zerstört
* Sie fühlen sich gedemütigt

Position 2. So ist der Partner:
* Er ist in einer schmerzlichen Situation
* Er ist in einer Krise
* Er versucht, sein Leid zu überwinden

Position 3. Das ist die Beziehung:
* Ihre Wünsche sind gescheitert
* Kummer und neue Hoffnungen wechseln sich ab
* Eine Prüfung Ihrer Persönlichkeit

Position 4. Darum geht es nicht:
* Schmerz zu ertragen
* Schwere Zeiten zu erleben
* Daß Ihre Hoffnungen scheitern

Position 5. So entwickelt sich Ihr Miteinander:
* Sie werden mit Ihrem Partner eine Enttäuschung erleben
* Wie Phönix aus der Asche stehen Sie neu und stärker da
* Sie bekommen Anfeindungen zu spüren

Ein Hinweis für ganz frisch Verliebte:
Von den intensiven Gefühlen bleiben gescheiterte Hoffnungen.

Der Erzengel ist MICHAEL
Er schützt uns mit seiner Kraft.

Die Kräfte und Energien befinden sich im Gleichgewicht. Dieser Engel führt uns zu Selbstbewußtheit. Er lehrt uns, für unsere Überzeugungen einzustehen. Wenn wir streiten, dann um eines lohnenden Zieles, nicht nur um des Streites willen. Den schönsten Sieg erringen wir, wenn wir es schaffen, ohne Zorn und Gewalt zu handeln. Unser gestärktes Selbstbewußtsein macht uns mutig. Aus innerer Gewißheit können wir unsere Projekte starten. Wir können wieder eigenständig handeln, uns von Fesseln lösen. Es ist eine Phase der leichten Übergänge. Es entsteht Reiselust und der Wunsch nach einem Ortswechsel.

27 Selbstbewußtheit
Wenn Sie ein klares Ziel haben, können Sie den Kampf gewinnen. Das Selbstbewußtsein haben Sie. Eine Veränderung ist notwendig.

Sie kämpfen um jemanden. Es kann auch sein, daß Ihre Beziehung Angriffen ausgesetzt ist. Ihre Position ist gut. Zeigen Sie sich großherzig. Geben Sie Unterstützung und Hilfe. Oder denken Sie an eine verflossene Liebe? Vielleicht erinnern Sie sich auch an die Anfänge Ihrer jetzigen Beziehung. Was bedeutete diese Liebe einmal für Sie?

Durch mehr Abstand können Sie wieder zu Ihrem Weg finden. Die Entfernung bereinigt Spannungen in Ihrer Partnerschaft. Sie können Ihren Schatz neu erobern, seien Sie erfolgsgewiß. Überzeugen Sie den Partner mit neuen Vorstellungen und zeigen Sie Begeisterung für seine Vorhaben. Mit Entschiedenheit und Zielgerichtetheit können Sie ihn für sich gewinnen.

Sie können vieles aufs rechte Gleis bringen. Machen Sie sich intensive Gedanken über Ihre Absichten in der Beziehung und wie diese umzusetzen sind. Sie neigen dazu, sich reizen und in Kämpfe verwickeln zu lassen. Bleiben Sie dann aber lieber im Hintergrund.

Position 1. Diese sagt etwas über Sie aus:
* Ihr Selbstbewußtsein ist gestärkt
* Sie sind siegessicher
* Sie möchten neue Wege gehen

Position 2. So ist der Partner:
* Er liebt das Leben
* Er will Sie aus der Distanz erobern
* Er will Sieger sein

Position 3. Das ist die Beziehung:
* Ist Angriffen ausgesetzt
* Sie wollen miteinander großzügig umgehen
* Sie wollen, daß jeder eigene Wege gehen kann

Position 4. Darum geht es nicht:
* In der Auseinandersetzung zu gewinnen
* Mit Selbstbewußtsein aufzutreten
* Sich in einen Kampf verwickeln zu lassen

Position 5. So entwickelt sich Ihr Miteinander:
* Sie erringen einen Sieg für Ihr Selbstbewußtsein
* Sie sind großzügiger miteinander
* Sie werden mehr und mehr eigene Wege gehen

Ein Hinweis für ganz frisch Verliebte:
Es gelingt Ihnen, mit Selbstbewußtsein den Partner zu gewinnen.

Der Erzengel ist HANIEL
Er gibt uns die Kraft, unsere Visionen umzusetzen.

Die Kunst zeigt uns die Schönheit dieser Welt, die Naturwunder, die Gedanken und Sichtweisen von Menschen. Um dieses ausdrücken zu können, müssen wir Inspirationen entwickeln. Aus unseren wiederbelebten Emotionen entwickeln sich diese Ideen. Wir erleben dabei unsere Vitalkräfte und stellen den Kontakt zur Natur her. Wir freuen uns auch am Miteinander unserer Mitmenschen. Unsere Kreativität zeigt sich in allen Lebensbereichen. Wir leben unsere Emotionen, sie eröffnen uns eine neue Welt. Die Welt der Naturwesen, des spirituellen Austausches mit anderen Menschen und die Sphäre der Engel.

Unsere Emotionen versetzen unsere Umgebung in Schwingungen. Je intensiver wir sie zulassen, desto besser ist es.

28 Emotion
Es herrschen starke emotionale Gefühle zwischen Ihnen. Führen Sie mit Ihrem Partner Gespräche, sie sind wichtig. Probleme werden dadurch gelöst. Es kann sein, daß Ihr Partner Sie betrügt oder Sie fremdgehen. Diese Situation dauert noch etwas an. Machen Sie sich keine Gedanken, wenn es in Ihrer Beziehung nicht vorangeht. Sie sind sich Ihrer Sache sicher und finden zu Ihrer alten Entschlossenheit zurück. Ziehen Sie Bilanz und überdenken Sie die Möglichkeiten, die sich Ihnen bieten.

Nehmen Sie Chancen und Gelegenheiten entschlossen wahr. Sie können sich aus eigener Kraft einen Freiraum schaffen.

Eventuell sind Sie auch frisch verliebt und sehr auf das eigene Leben fixiert.

Das Zusammensein mit Freunden hat jetzt besonders günstige Auswirkungen auf Ihre Partnerschaft.

Position 1. Diese sagt etwas über Sie aus:
* Sie wissen, daß Ihre Zeit noch kommt
* Innere Bilder bestimmen Ihre Handlungen
* Sie sind unkonventionell

Position 2. So ist der Partner:
* Er nimmt die Beziehung nicht ernst, betrügt Sie
* Er löst sich von allem, was Unwillen auslöst
* Er ist geschickt im Umgang mit anderen Menschen

Position 3. Das ist die Beziehung:
* Ist unkonventionell, aber fragwürdig
* Tiefe Beziehung, in der jeder jedoch seine Egozentrik lebt
* Ist in einer emotionalen Wachstumsphase

Position 4. Darum geht es nicht:
* Auf innere Bilder und Visionen zu bauen
* Sich auf Neues, Ungewisses einzulassen
* Anderen zu schmeicheln, um eigene Ziele durchzusetzen

Position 5. So entwickelt sich Ihr Miteinander:
* Es wird etwas dauern, aber die Probleme lösen sich
* Sie wagen etwas Neues und zeigen Risikobereitschaft
* Ihre Visionen werden Wirklichkeit

Ein Hinweis für ganz frisch Verliebte:
Die Gefühle sind sehr stark. Phantasien verschwimmen jedoch mit der Realität.

Der Erzengel ist RAPHAEL
Er klärt durch höchste Intelligenz unsere Sinne.

Unser Verstand gibt unseren Emotionen Klarheit. Wir können eine Situation analysieren und einen Überblick bekommen, wie wir eine Aufgabe am besten bewältigen. Der Engel schickt uns Klarheit und Verstand. Er sagt uns außerdem, daß sich alles zum Positiven entwickelt. Wir sind in einer Situation, die uns jetzt und in Zukunft Glück bringen wird. Wir erkennen unsere Illusionen. Die Umgebung, in der wir leben, ist zwar angenehm, wir verlassen sie aber zu Gunsten noch besserer Möglichkeiten. Wir brauchen Anerkennung. Trotzdem denken wir nicht immer an das Ergebnis, sondern lernen, den Weg zu lieben. Das Erlernen neuer Fähigkeiten, die Perfektionierung von Qualitäten bringt uns die Freude am täglichen Handeln und damit den Erfolg. Das kann alles sehr schnell gehen, doch die erforderlichen Schritte müssen eingehalten werden.

29 Klarheit
Eine schnelle positive Lösung ergibt sich. Es kommt damit neue Klarheit. Neue Liebesgefühle entstehen bei Ihnen. Ihre Liebe ist ganz am Anfang, Amors Liebespfeil hat Sie getroffen, oder Sie versuchen es in einer alten Beziehung wieder neu. Sie werden neue Wege gehen, sind einfallsreich dabei, das Leben positiv zu gestalten. Dieser Neuanfang ist eine erfreuliche Entwicklung. Dafür ist allerdings Ihr Engagement wichtig. Verwirklichen Sie ihre Einfälle, Sie sind im günstigen Aufwind. Wenn Sie Ihre Gedanken in die Tat umsetzen, können Sie schnell Erfolg haben, der dann dauerhaft sein wird.

Sie wirken anregend auf den Partner und können mit gezielten Impulsen eine positive
Entwicklung bei ihm in Gang setzen. Außerdem bekommen Sie Informationen, die ein wichtiges Vorhaben in einem neuen Licht erscheinen lassen.

Lassen Sie sich durch einen Rückschlag nicht Ihre gut Laune verderben, Sie haben jetzt zusätzliche Chancen in der Liebe.

Position 1. Diese sagt etwas über Sie aus:
* Ihre Haltung ist deutlich
* Sie geben nicht auf
* Sie bereiten den Neubeginn klug vor

Position 2. So ist der Partner:
* Er arbeitet hingebungsvoll an dem Erfolg
* Er zeigt klar den eigenen Standpunkt
* Er will reisen

Position 3. Das ist die Beziehung:
* Sie ist bereit, die stabile Situation zu verlassen
* Die bisherigen Pflichten haben die Beziehung behindert
* Sie haben beide Ihre Begabung eingebracht

Position 4. Darum geht es nicht:
* Nur zu üben und zu lernen
* Sich von den Pflichten zu lösen
* Zu deutlich zu machen, was man will

Position 5. So entwickelt sich Ihr Miteinander:
* Es gibt einen Schub nach vorn
* Es trifft eine gute Nachricht ein
* Ihr Miteinander klärt sich auf positive Weise

Ein Hinweis für ganz frisch Verliebte:
Deutlicher kann es gar nicht sein. Die Beziehung muß nicht erklärt werden.

Der Erzengel ist GABRIEL
Er initiiert unser Leben.

Im Frühling erwachen Kräfte, die Erstarrtes wieder lebendig machen. Blockaden werden gelöst, das Leben fließt wieder durch die Lebensadern. Dieser Engel ist der Überbringer des Lebens. Eine Form der auf der Erde wirkenden Naturkräfte ist Fruchtbarkeit. Sie drückt sich außerdem in dem Glück, das wir fühlen, aus. Wenn unsere Lebenserfahrung wächst, erkennen wir, für welche Dinge es sich lohnt, unsere ganze Kraft einzusetzen. Falls wir aber durch den Lebenskampf zu wachsam geworden sind, haben wir nun die Möglichkeit, dieses in Klugheit umzuwandeln. Fehler, die wir schon oft wiederholt haben, können schneller erkannt werden.

30 Naturkräfte
Mit Ihrer Sinnlichkeit haben Sie eine starke Kraft in der Partnerschaft geweckt. Sie leben das Miteinander mit ausgeprägter positiver Erotik. Körperliches Wohlbefinden beflügelt Sie.

Eine unerwartet erfreuliche Wendung bringt Ihnen eine Bereicherung in der Beziehung. Der richtige Zeitpunkt ist da, Sie haben Glück. Genießen Sie die unbeschwerte Liebe, feiern Sie, laden Sie Freunde ein. In bester Stimmung führen Sie ein Gespräch, eine lang ersehnte Versöhnung findet statt. Genießen Sie es. Nutzen Sie Ihre momentane Kraft, den anderen zu überzeugen. Sie können eine Vorstellung verwirklichen und bekommen wirksame Förderung.

Sie haben eine starke Wirkung auf den Partner, spielen Sie diese ruhig aus.

Position 1. Diese sagt etwas über Sie aus:
* Sie stehen zu Ihrer Aussage
* Sie befreien sich von Ihren Zweifeln
* Sie erleben eine erfüllte Erotik

Position 2. So ist der Partner:
* Er will Sie umsorgen
* Er hat aus Selbstzweifeln gelernt
* Er ist sinnlich und erotisch

Position 3. Das ist die Beziehung:
* Sie können sich loslassen und genießen
* Sie leben selbstbestimmte Erotik
* Sie sind sinnlich miteinander

Position 4. Darum geht es nicht:
* Freunde einzuladen
* Unbeschwerte Liebe zu genießen
* Sich zu stark in Abhängigkeit zu einer Frau zu begeben

Position 5. So entwickelt sich Ihr Miteinander:
* Sie erleben viel Freude mit anderen Menschen
* Ihre Sinnlichkeit entfaltet sich, es ist eine Bereicherung
* Eine erfreuliche Wendung nimmt Ihnen die Zweifel

Ein Hinweis für ganz frisch Verliebte:
Ob die Erotik ausreicht, eine Beziehung aufzubauen, ist nicht sicher. Genießen Sie diese unbeschwerte Liebe.

Der Erzengel ist SANDALPHON
Er gibt uns die Geschenke der Erde in ihrer ganzen Fülle.

Glück und Fülle will sich ausdrücken. Das Füllhorn teilt jetzt seine Geschenke aus. Der Engel überschüttet uns mit Wohlstand und Anerkennung. Wir erhalten den Schlüssel zur Liebe, zum Erfolg und zur Anerkennung. Unser Verhalten wird dadurch offener und bewirkt, daß alle Angelegenheiten gedeihen. In dieser Zeit kann auch materieller Reichtum erlangt werden. Wir bekommen Chancen, die vorher nicht möglich waren. Hinsehen, erkennen und annehmen können gehört jedoch dazu. Wir müssen das angebotene Glück auch erkennen und es ergreifen.

31 Vollkommenheit
Eine ganz große Liebe Ihres Lebens steht Ihnen bevor oder ist schon da. Mit diesem Partner erleben Sie übergroßes Glück und Hingabe. Sie erhalten eindeutige Liebesbeweise. Ein gemeinsames Glück steht Ihnen offen, ebenso die Gründung einer Familie und eine innige Zeit in der Liebe. Die richtigen Partner haben sich gefunden. So viel Gemeinsamkeit hat Bestand. Schaffen Sie sich ein traumhaftes Zuhause. Es bedeutet auch Stabilität in Ihrer Beziehung. Ihr Miteinander kommt zur vollen Blüte. Gemeinsame schöne Erlebnisse schmieden zusammen. Genießen Sie diese Zeit zusammen mit Ihrem Partner, gönnen Sie sich etwas. Sie werden eine seelische Belastung los. In Ihrer Partnerschaft vollzieht sich eine erfreuliche Wende. Der Partner schätzt und fördert Sie.

Position 1. Diese sagt etwas über Sie aus:
* Sie sind in Einklang mit sich und Ihrem Liebsten
* Sie sind glücklich
* Sie genießen diese Zeit

Position 2. So ist der Partner:
* Er ist erfolgreich im Beruf
* Er hat ein solides Fundament
* Er bringt Ihnen Glück

Position 3. Das ist die Beziehung:
* Sie erleben häusliches Glück
* Sie haben Vertrauen zueinander
* Gemeinsame Begeisterung bringt Ihnen Erfolg

Position 4. Darum geht es nicht:
* Der Erfolg fällt Ihnen in den Schoß
* Ein großer Lotteriegewinn bringt Ihnen Glück
* Die Zeit gemeinsam zu genießen

Position 5. So entwickelt sich Ihr Miteinander:
* Miteinander werden Sie glücklich
* Gemeinsame Erlebnisse begeistern Sie und schmieden zusammen
* Es stellt sich innige Geborgenheit ein

Ein Hinweis für ganz frisch Verliebte:
Ihr Liebesideal verwirklicht sich. Sie erleben häusliches Glück.

Von derselben Autorin

Das Engel-Licht-Tarot vereint die Energien der Engel mit der Weisheit des Tarot. Im Rahmen dieser tiefgründigen Symbolik sind die nach alter Tradition wichtigsten Engel und Erzengel dargestellt. So entstanden wunderschöne Bilder, die unsere eigenen Seelenkräfte direkt ansprechen und unser ganzes Wesen inspirieren. Daher eignet sich das Engel-Licht-Tarot als velschichtiges Orakel, das Sie zu allen Lebensfragen in Anspruch nehmen können.

Ein ausführliches Beibuch gibt vertiefende Erklärungen zur kabbalistischen Tradition der Engel und des Tarot. Dazu wird jede Karte in ihren Aspekten ausführlich erläutert. Sie finden dazu Legesysteme für unterschiedlichste Fragegebiete. Die gegebenen Deutungen betreffen Bereiche wie: In welcher Situation befinde ich mich? So kann gehandelt werden; Partnerkarte usw.

Rebecca Bachstein
Engel-Licht-Tarot
32 vierfarb. Karten, Beibuch, 160 S.
ISBN 3-89060-431-5

IM SELBEN VERLAG

In diesem Buch schildert Karina Silberweg ihr Leben in der Begleitung des Schutzengels Antaares. Nach einem ersten, ganz unerwarteten Kontakt bei der Hausarbeit vertieft sich das Verhältnis zum Schutzengel immer mehr. Die Autorin erhält Ratschläge in allen Lebenslagen, deren Umsetzung erstaunliche Resultate zeigt. Der Engel vertraut ihr zunehmend auch esoterische Erkenntnisse an, so daß Silberwegs Leben zum spirituellen Abenteuer gerät. Das Lernverhältnis zu Antaares ist erfüllt von einem himmlischen Humor. Ebenso sind häufig die Situationen, in die die Autorin durch das Eingreifen des Schutzengels gerät, auch von Komik und Brillianz. Schließlich tritt der Engel sogar leibhaftig in Erscheinung ...

Durch ihre große Aufrichtigkeit nimmt Karina Silberweg dem Leser die Scheu vor der Begegnung mit höheren Welten. Sie zeigt, wie der Umgang mit dem Schutzengel etwas ganz Natürliches ist, das jedem offen steht. Mancher wird sich bei der Lektüre fragen, ob er nicht schon längst die Stimme seines Schutzengels vernommen hat, ohne das bisher erkannt zu haben. Beim Lesen läßt sich miterleben, daß uns das Spirituelle häufig durch eigene Umständlichkeit und Ruhelosigkeit entgeht. Doch die Engel warten nur darauf, wie Antaares versichert, daß die Menschen endlich den Kontakt zu ihrem Schutzengel aufnehmen.

Karina Silberweg
Mein Engel und ich
Paperback, 192 Seiten
ISBN 3-89060-428-5

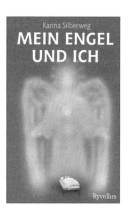

IM SELBEN VERLAG

Was passiert, wenn »Lieschen Müller« ihrem Engel begegnet? – Karina Silberweg ist eine ganz normale Hausfrau in einer deutschen Kleinstadt, hat ihr ganz normalen, alltäglichen Sorgen und Probleme – und Kontakt mit ihrem Engel. Der sieht die Dinge natürlich etwas anders als sie, und so entspinnen sich interessante Gespräche.

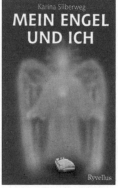

Karina Silberweg
Gespräche mit meinem Engel
Paperback, 152 S., 13 x 21 cm.
ISBN 3-89060-125-1

Himmlische Inspiration
Engel sind Wesen des Lichtes und Teil des göttlichen Bewußtseins. Es gibt viele, die uns ihre Hilfe anbieten, wenn wir bewußt mit ihnen in Verbindung treten und erfahren, wie heilend und belebend sie sind. So gibt es den Engel der Erkenntnis, der Freude und der Liebe ebenso, wie den des Annehmens, der Dankbarkeit oder des Loslassens. Erwachsene und Kinder können dieses zauberhafte Kartenspiel auf vielerlei Weise benutzen; zur Meditation, als Orakel, als begleitenden Impuls für den Tag oder als Spiel für mehrere Personen in Gruppen und in der Familie.

Ursula Mattheus
Engelspiel
55 Karten 6 x 9 cm in einer Faltschachtel
ISBN 3-89060-425-0

IM SELBEN VERLAG

Himmlische Impulse
Mit diesen 55 Engelkarten finden Sie Zugang zu Ihren inneren Heilungskräften. Die Impulse der Engel wirken inspirierend und schöpferisch und führen Sie und andere liebevoll auf den Weg der Heilung.

Hellena-Maria Gabriel
Heilen mit Engeln
55 Karten 6 x 9 cm in einer Faltschachtel
ISBN 3-89060-426-9

Himmlische Anregungen
Öffnen wir uns den Engeln als Wesen, die uns begleiten und unterstützen, werden wir bemerken, daß sie uns sehr konkrete Hinweise und Hilfe geben. In den Engelentscheidungskarten begegnen uns diese lichtvollen Begleiter mit direkten Anweisungen zu unseren Fragen. Es unterstützen uns die Engel Verwirklichen, Genießen oder Mut beweisen, oder die Engel Loslassen und Verzichten raten uns vielleicht von einem Vorhaben ab.

Ursula Mattheus, Hellena-Maria Gabriel
Entscheiden mit Engeln
55 Karten 6 x 9 cm in einer Faltschachtel
ISBN 3-89060-427-7

Himmlische Liebe
Diese 55 Engelkarten sind ein Weg, spirituelle Impulse in Partnerschaft und Liebe einzubringen. Sie geben Klarheit, führen zu Austausch und schaffen Harmonie. Die Karten verbinden Sie mit der Kraft der Engel, so daß Liebe gelingt und neue Lebendigkeit entsteht.

Hellena-Maria Gabriel
Engel für Liebe und Partnerschaft
55 Karten 6 x 9 cm in einer Faltschachtel
ISBN 3-89060-422-6

Haus 23

**Das kleine Seminarhaus von NEUE ERDE im
Naturpark Nordvogesen (EU-Ökosphären-Reservat)**
(Karlsruhe 100 km, Saarbrücken 50 km, Straßburg 80 km)

bietet Seminare zu Themen wie Steinheilkunde, QiGong, Baumheilkunde,
Mondschild, Bach-Blüten. Reiki, Tierkommunikation, Arbeit mit Pferden und anderen.

Ferner steht das Haus als Ferienhaus oder
für eigene Seminarveranstaltungen zur Verfügung.

Bitte fordern Sie die aktuellen Unterlagen an:

NEUE ERDE Verlag
Stichwort: Haus 23
Cecilienstr. 29
66111 Saarbrücken
DEUTSCHLAND
Fax: 0681 390 4102
info@neueerde.de

Es gibt zwei Sorten von Engeln: Die mit Flügeln und die mit Blättern!

Projekt HEILIGER HAIN

Das Projekt HEILIGER HAIN soll dazu dienen, die Heiligkeit der Bäume wieder anzuerkennen, das Band zu ihnen zu erneuern und den Menschen wieder in die Obhut des Lebens-Weltenbaumes zu stellen.

Wir wollen verschiedene Konzepte von Heiligen Hainen verwirklichen: einen traditionellen keltischen Baumkreis als Baumheiligtum; ein Areal mit Bäumen für alle Kulturen und Religionen, da ja alle Traditionen den Baum heilighielten; und Flächen, auf denen der Wald sich selbst gehört.

Ein Info-Pavillon vor Ort sowie professionelle Öffentlichkeitsarbeit sollen helfen, dem BAUM seine Würde innerhalb der modernen europäischen Kultur und Gesellschaft zurückzugeben.

Wenn Sie Interesse haben oder uns tatkräftig (Baumpflanzungen), ideell oder finanziell unterstüzen möchten, schreiben Sie uns:

Freunde der Bäume/Amis des Arbres e.V.
Cecilienstr. 29 · 66111 Saarbrücken
Fax 0681 390 4102 · info@neueerde.de
www.spirit-of-trees.de

Sie finden unsere Bücher in Ihrer Buchhandlung oder im Internet unter **www.neueerde.de**
 Bücher suchen unter: **www.buchhandel.de** (hier finden Sie alle lieferbaren Bücher und eine Bestellmöglichkeit über eine Buchhandlung Ihrer Wahl).

Bitte fordern Sie unser Gesamtverzeichnis an unter

Ryvellus bei NEUE ERDE Verlag
Cecilienstr. 29
D-66111 Saarbrücken
Fax: 0681 390 41 02
info@neueerde.de